Uwe Stamer

Stundenblätter
„Die Verwandlung"/„Das Urteil"

Eine Einführung in das erzählerische Werk Kafkas für die Sekundarstufe II

25 Seiten Beilage

Ernst Klett Stuttgart

Herausgeber der Reihe Stundenblätter Deutsch: Wolfgang Salzmann

Modifizierte Konzeption: Jürgen Wolff
Herausgeber dieses Heftes: Jürgen Wolff

CIP-Kurztitelaufnahme der Deutschen Bibliothek

Stamer, Uwe:
Stundenblätter „Die Verwandlung", „Das Urteil":
e. Einf. in d. erzähler. Werk Kafkas für d. Sekundarstufe II/
Uwe Stamer
2. Aufl. – Stuttgart: Klett 1982. & Beil. (25 S.)
  (Stundenblätter Deutsch)
  ISBN 3-12-927271-2

2. Auflage 1982
© Ernst Klett, Stuttgart 1981
Satz: G. Müller, Heilbronn
Druck: Wilhelm Röck, Weinsberg
Einbandgestaltung: Zembsch' Werkstatt, München

Inhaltsverzeichnis

Einleitung

Kafka ist aus den heutigen Lehrplänen der Gymnasien nicht mehr wegzudenken. Kaum findet sich ein Lesebuch für die Sekundarstufe, das nicht seine Texte verzeichnet, auch in die entsprechenden Unterrichtswerke der Haupt- und Realschulen sind seine Erzählungen inzwischen vorgedrungen. In der gymnasialen Oberstufe wird Kafka von den modernen Autoren mit am häufigsten gelesen, und schon einige Male waren seine literarischen Arbeiten Gegenstand des Deutschabiturs.

Diese Entwicklung hinsichtlich der „Beliebtheit" eines bestimmten Autors ist nicht selbstverständlich, wenn man sich vergegenwärtigt, daß Kafka erst seit etwa dreißig Jahren einem größeren Lesepublikum in Deutschland bekannt geworden ist. Es läßt sich kaum mit wenigen Worten erklären, warum Kafka als eine Art „Klassiker der Moderne" bezeichnet werden kann. Wohl spricht man häufig im Zusammenhang mit seinen Romanen und Erzählungen von einer Darstellung der Absurdität der menschlichen Existenz, von der Vergegenwärtigung grundlegender ontologischer Probleme und ähnlichem. Unbeschadet der Richtigkeit solcher Äußerungen ist damit sein häufiges Auftauchen im Rahmen der schulischen Rezeption – sieht man einmal von der kunstvollen Sprachform seiner Texte ab – nicht geklärt, denn allein mit der bloßen Feststellung, sein Werk sei wie kaum ein anderes ein Abbild der Situation des modernen Menschen, ist es nicht getan.

Es scheint eher, daß die Motivation für eine ernsthafte Auseinandersetzung mit den Texten Kafkas auch in dem Wunsch begründet liegt, eine positive Antwort auf die Fragen zu finden, die den modernen Menschen bewegen, eine auch noch so unverbindliche, aber doch greifbare Erklärung jener bedrängenden Probleme zu erhalten, die so manchen an dem Sinn seines Daseins zweifeln lassen. Denn, so schließt man, ein Autor, der so intensiv die Fragwürdigkeit der menschlichen Existenz beschworen hat, ohne diese jedoch nach ihrem Sinn- und Wertgehalt in jeder Hinsicht eindeutig zu negieren, muß doch ein weniges von dem „Prinzip Hoffnung" gewußt haben, muß doch ein Jota Zuversicht zur Daseinsbewältigung vermitteln können. Mit anderen Worten: Im Rahmen des Bildungsauftrages des Faches „Deutsch" verbindet man sicher nicht selten mit der Kafkalektüre auch so etwas wie die Erwartung, nach der Zergliederung von Problemen des Daseins eine bejahende Antwort zu finden. Neben die Analyse trete die Affirmation – denn zur bloßen Weltklage wird doch die Beschäftigung mit Kafka nicht entarten wollen!

Nun ist die Skala der Kafka-Deutungen – im einzelnen wie im allgemeinen – außerordentlich breit, und es muß jedem Interpreten überlassen bleiben, ob und wieweit er positive Ansatzpunkte aus den Texten herausarbeiten kann. Wichtiger ist zunächst, daß die Schüler erst einmal möglichst weit in die Problemtiefe der bei Kafka aufgeworfenen Fragen eindringen und ihnen damit nicht zuletzt die Unmöglichkeit der absoluten Machbarkeit ihrer Existenz als – wenngleich fragmentarisches, aber bis dahin nie so klar erlebtes – notwendiges Denkbild vor Augen tritt. Sicher wird *der* Lehrer nicht das schlechteste Ergebnis erzielt haben, der am Ende der Unterrichtseinheit mehr Fragen als Antworten in seiner Bilanz aufweist, verbunden freilich mit der grundsätzlichen Bereitschaft aller Beteiligten, diese einmal bewußt gewordenen Fragen nach der eigenen Existenz, nach dem Bezug zum Jenseitigen usw. weder in dem Abgrund der denkerischen Bequemlichkeit bzw. des Verdrängens verschwinden noch, allzubald, von der Selbstherrlichkeit des Ichs wiederum übertreffen zu lassen. Denn heute muß jeder Deutschlehrer angesichts der großenteils wenig erfreulichen allgemeinen Einflüsse auf den Jugendlichen seinen pädagogischen Eros zunächst einmal dahingehend mobilisieren, bei seinen Schülern ein Problembewußtsein überhaupt erst zu schaffen. Und gerade Kafka hat in dieser Hinsicht – vorausgesetzt, der in seinen Texten so häufige, aber auch sehr heilsame „Schockeffekt" (Käfer!) wird sodann in vernünftige Bahnen gelenkt – einen nahezu unerreichten „Sensibilisierungswert"!

Diese pädagogische Aufgabe also – die Schüler für essentielle Themenbereiche erst einmal zu „sensibilisieren" – möchten wir vorrangig der schulischen Beschäftigung mit Kafkatexten zuerkennen, wobei es nicht entscheidend ist, ob dem Grad der Frageintensität auch ein ähnlich bemessener potentieller „Ertrag" entspricht. Will der Lehrer „Ideen" vermitteln, seinen Schülern auf verbindliche Weise „Werte" mitteilen, muß – leicht einsehbar – primär die Rezeptionsfähigkeit geweckt und geschult werden – und es bleibt ihm ja außer Kafka noch die ganze Skala der deutschen Literatur...

Gibt es schon mit der Verstehbarkeit von Kafkatexten nicht geringe Schwierigkeiten, so wird die Verständnisfähigkeit der Schüler angesichts einer solch diffizilen Materie zweifellos in besonderem Maße beansprucht. Hier setzt dieses Heft ein. Natürlich spielen die Probleme der Auslegung beständig eine führende Rolle – im Vordergrund aber stehen, trotz allem, die Möglichkeiten einer didaktischen und methodischen Vermittlung der „*Verwandlung*", des „*Urteils*" und anderer Erzählungen im Unterricht.

Innerhalb des notwendig umgrenzten Stoffrahmens findet der Lehrer genügend Spielraum für die eigene, individuelle Unterrichtsgestaltung, sowohl in inhaltlicher wie in methodischer Hinsicht. Dabei sind die für die einzelnen Teilsequenzen angegebenen Stundenzahlen als Richtwerte und nicht als ein exakt zu befolgendes Zeit-Soll zu verstehen – in manchen Fällen kann es angebracht sein, ein großzügigeres Zeitmaß zu wählen. Je nach der gehaltlichen Komplexität bzw. dem Schwierigkeitsgrad der didaktisch-methodischen Vermittlung ist der jeweilige Unterrichtsgegenstand entweder nach umfangreicheren Einzelabschnitten geordnet oder bis in kleine und kleinste Lernschritte hin gegliedert – der vorgeschlagene Stundenverlauf wurde dabei, nach chronologischer Folge, in verschiedene „Phasen" eingeteilt –, so daß auch der weniger begabte Schüler in der Lage sein dürfte, den Stoff zu bewältigen.

Aufgrund der individuellen Dispositionsmöglichkeiten des Lehrers läßt sich die vorliegende Unterrichtseinheit in allen Kursarten und Jahrgangsstufen der Reformierten Oberstufe durchführen.

Kommentierte Bibliographie

Bei der folgenden Übersicht über das hier in Betracht kommende Schrifttum zu Kafka kann es nicht darum gehen, eine möglichst umfangreiche Auflistung der entsprechenden Sekundärliteratur zu geben. Für den Deutschlehrer, der sich anschickt, in einem Kurs der gymnasialen Oberstufe eine Unterrichtseinheit über ausgewählte Kafkatexte zu halten, wäre ein ausführlicher Forschungsbericht wenig sinnvoll. Angesichts der unübersehbaren Fülle der Kafkaliteratur sollte der Zeitaufwand bei der Suche nach dem geeigneten Schrifttum, dessen Lektüre ohnehin selten genug den wünschenswerten Umfang erreichen wird, in Grenzen bleiben. Ein Durcharbeiten der nachstehend aufgeführten, mit Absicht kritisch kommentierten Bücher bzw. Kapitel kann grundsätzlich angeraten werden, den jeweiligen Erfordernissen gemäß wird ihre Zahl eingeschränkt werden können oder erweitert werden müssen.

Was die Texte selbst anbelangt, so wird aus naheliegenden Gründen auf Taschenbuchausgaben zurückzugreifen sein. In der Regel sind dies die Editionen aus dem Fischer-Verlag. Hier kommen die Ausgaben der „Sämtlichen Erzählungen"* (herausgegeben von Paul Raabe. Frankfurt am Main 1979 [= Fischer Taschenbuch 1078]) und des „Briefes an den Vater" (Frankfurt am Main 1979 [= Fischer Taschenbuch 1629]) in Betracht; auch wichtige weitere Texte, auf die der Lehrer in den kommenden Stunden zurückgreifen wird, sind dort erschienen („Tagebücher 1910–1923". Herausgegeben von Max Brod. Frankfurt am Main 1980 [= Fischer Taschenbuch 1346]; „Briefe an Milena". Herausgegeben und mit einem Nachwort verse-

hen von Willy Haas. Frankfurt am Main 1977 [= Fischer Taschenbuch 756]).

Da für jeden Lehrer die stofflichen Voraussetzungen für ein im Unterricht zu behandelndes Sachgebiet anders sind, kann bei manchen Kollegen der Wunsch bestehen, sich zuerst einmal allgemein über Kafka zu informieren, bevor verschiedene Einzeltexte in Angriff genommen werden. Leicht zugänglich und in seiner grundsätzlichen Qualität unbestritten ist der in der Reihe von „Rowohlts Monographien" erschienene Band „Franz Kafka in Selbstzeugnissen und Bilddokumenten" (Reinbek bei Hamburg 1966) von Klaus Wagenbach (rm 91). Dieses Buch, das zahlreiches Anschauungsmaterial und viele autobiographische Äußerungen vermittelt, sollte der Lehrer nach Möglichkeit selber besitzen, da hieraus im Rahmen der vorliegenden Unterrichtseinheit den Schülern eine Reihe von Bildern vorgeführt werden soll; auch ist eine möglichst weit reichende Kenntnis von Kafkas Biographie für den Lehrer unbedingt notwendig. Diesbezügliches Wissen kann er auch erwerben bzw. vertiefen durch die in der „Sammlung Metzler" (Bd. 138) herausgekommene, stärker wissenschaftlich orientierte und mit exakten bibliographischen Angaben versehene Arbeit von Ludwig Dietz („Franz Kafka", Stuttgart 1975).

Eine unentbehrliche Grundlage für jede intensivere Beschäftigung mit Werken des Prager Autors ist das von Hartmut Binder herausgegebene und in Kooperation mit einer Vielzahl von Fachwissenschaftlern zusammengestellte zweibändige „Kafka-Handbuch" (Bd. I: Der Mensch und seine Zeit; Bd. II: Das Werk und seine Wirkung; Stutt-

---

* Aus den Sämtlichen Erzählungen wird im folgenden zitiert mit „E" und Angabe der Seitenzahl.

gart 1979). Dieses über eintausendfünfhundert Seiten starke Werk sollte trotz seines Anschaffungspreises in keiner Lehrerbibliothek fehlen. Mit seiner beispielhaften Materialfülle, den zahlreichen differenzierten Einzelanalysen und der detaillierten Aufgliederung der biographischen Zusammenhänge auf breiter Basis erleichtert es dem Lehrer das Arbeiten mit Kafkatexten, wenngleich die Anordnungsprinzipien und die Technik des Verweisens im einzelnen nicht immer ohne Schwierigkeiten nachzuvollziehen sind. Sollte der Lehrer vor der Entscheidung stehen, zwischen der Lektüre verschiedener Einzelinterpretationen und dem Kafka-Handbuch wählen zu müssen, so sollte letzteres auf jeden Fall die Priorität haben. Denn vieles – wenn nicht das meiste – von den konkreten Resultaten, die aus den zahlreichen Arbeiten zu Kafka im einzelnen zu gewinnen sind, ist hier in aufgearbeiteter bzw. komparatistischer Form verzeichnet, und alle der reinen Information dienenden Sachangaben sind von vorbildlicher Genauigkeit. Hier handelt es sich um ein epochemachendes Werk, an dem niemand, der sich ernsthaft mit Kafka auseinandersetzt, vorbeigehen kann.

Für eine genaue Textanalyse gleichfalls vonnöten ist der ebenso von Hartmut Binder besorgte *„Kafka-Kommentar zu sämtlichen Erzählungen"* (München ²1977). Mit akribischer Sorgfalt werden hier oft zeilenweise nach einer Vielzahl von Schwerpunkten hin Kafkas Erzählungen exegisiert; hilfreich sind auch die zahlreichen Verweise auf Tagebucheintragungen, Briefstellen usw. Die umfassende Kenntnis des Autors über Leben und Werk Kafkas offenbart sich nicht zuletzt in der großen Zahl von Belegen (über deren jeweilige Wichtigkeit und Aussagefunktion man gelegentlich unterschiedlicher Meinung sein kann), die nicht selten zu einem scheinbar wenig bedeutsamen epischen Detail beigebracht werden.

Gerade bei der *„Verwandlung"* etwa kommt es ja nicht nur auf das einzelne Wort, sondern auch auf dessen mögliche Bedeutungsvielfalt innerhalb eines größeren Verstehenszusammenhanges an. Für eine gründliche Interpretation der Erzählungen kann auf dieses Buch nicht verzichtet werden. Es wird sinnvoll ergänzt durch Binders *„Kafka-Kommentar zu den Romanen, Rezensionen, Aphorismen und zum Brief an den Vater"* (München [1976]), der für die in diesem Heft diskutierten Bereiche natürlich jeweils ad hoc gewinnbringend benutzt werden kann, dessen (selektive) Kenntnis für die hier vorliegenden Themen allerdings nicht unbedingt notwendig erscheint.

Schon seit Jahren gibt es eine Reihe von Standardwerken über Kafka, von denen einige, unter den gegebenen Perspektiven, in den folgenden Ausführungen kurz vorgestellt werden sollen. In seinem umfangreichen Werk *„Franz Kafka. Tragik und Ironie"* (Frankfurt am Main 1976 [= Fischer Taschenbuch 1790]) geht Walter H. Sokel in dem Kapitel „Flucht und Fluß" (S. 68ff.) besonders auf *„Das Urteil"* und in dem Abschnitt „Die Erziehung zur Tragik" (S. 85ff.) vor allem auf *„Die Verwandlung"* ein. Recht entschieden wird dort die Aggressivität Georgs, „der ein unbewußter Streber und Schleicher nach Macht und Status des Vaters ist" (S. 68), gegenüber seinem Erzeuger betont, seine „Rebellion und Usurpation der väterlichen Rolle" (ebda.). Auch bei der *„Verwandlung"* kann sich Sokel von seiner Aggressionshypothese kaum lösen. Zwar konstatiert auch er bei Gregor das Faktum der „Hilflosigkeit", doch scheint für ihn das regredierende Moment erst an zweiter Stelle zu stehen („hinter der Aggression die Hilflosigkeit – so lautet die psychische Formel", S. 111).

Angesichts dieser vorgeblichen Aggressionspriorität ist allerdings Vorsicht geboten. *„Die Verwandlung"* als Ganze ist doch, so werden wir es zu zeigen versuchen, recht eindeutig ein Dokument der Regression und der Ohnmacht, unbeschadet einiger „Offensiven" auf seiten Gregors, die jedoch in ihrer Absurdität, gleichsam als eine Art „retardierendes Moment", seine allgemeine Machtlosigkeit nur unterstreichen. Auch sonst kann nicht allem, was Sokel schreibt, zugestimmt werden. Sicher hat er recht, wenn er den Tod als den Sinn von Gregors Dasein ansieht (S.103) – obgleich diese Formulierung etwas zugespitzt erscheint –, doch ist die Bilddeutung, die Aufschlüsselung der symbolischen Bezüge nicht immer eindeutig. Ebenso können die Verbindungen, die zwischen den Erzählungen untereinander hergestellt werden, nicht in jedem Fall überzeugen, weil hier bisweilen allzu kühn und vorschnell vorgegangen wird. Wir möchten allerdings betonen, daß diese an einzelnen Punkten eines nicht allzu umfangreichen Ausschnittes geübte Kritik kein Maßstab für die Qualität des ganzen Buches sein kann noch soll.

Wilhelm Emrich wendet sich in seinem Buch „*Franz Kafka. Das Baugesetz seiner Dichtung. Der mündige Mensch jenseits von Nihilismus und Tradition*" (Wiesbaden ⁸1975) dem „*Urteil*" nur mit wenigen Sätzen, der „*Verwandlung*" indes ausführlicher zu (S.118ff.). Das Problematische seiner Deutungsversuche besteht darin, daß ihm zunächst die Erzählung als Ganze wie auch in Einzelheiten keine allzu großen Schwierigkeiten zu bereiten scheint, während dann allerdings der allgemeine Bezugscharakter der Interpretation an Schlüssigkeit einiges einbüßt und am Ende die Käfergestalt als „uninterpretierbar" dargestellt wird (S.127). Neben vielen zutreffenden Beobachtungen, etwa zur Arglist und Hinterhältigkeit des Vaters oder zum materialistischen Denken der Familie Samsa, in der alles auf „Haben", nichts auf „Sein" gegründet war (S.123), überrascht dann die Bündigkeit der Auslegung offenbar als eindeutig empfundener Zusammenhänge. So liest man zum Beispiel:

„Es kann kein Zweifel sein, daß dieser Konflikt zwischen seinem [d.i. Gregors] Beruf und seinem Wunsch, endlich den großen Schnitt zu tun und selbständig und unabhängig zu werden, die Ursache seiner ‚unruhigen Träume' gewesen ist" (S.119), oder auch: „Sein [Gregors] eigenes Inneres bleibt ihm fremd. Daher wird es von Kafka auch als ein ihm Fremdes gestaltet, nämlich als ein Ungeziefer, das auf unbegreifliche Weise sein rationales Dasein bedroht" (S.120), und schließlich: „Kafka gestaltet keine ‚surrealen' Phänomene, sondern unsere Realität mit höchster künstlerischer Wahrheit" (S.121). Solche Sätze können wenig überzeugen. Wir werden noch ausführlich darlegen, daß Gregor sein „eigenes Inneres" sehr genau kennt, daß es ihm rational völlig einsichtig ist und er, hätte er ihm entfliehen können, gar nicht verwandelt worden wäre. Und mit den Ansprüchen auf Allgemeingültigkeit (was ist überhaupt „unsere Realität"?) sollte man bei Kafka sehr vorsichtig sein.

Der Leser erstaunt vollends, wenn Emrich ausführt, Gregors Verwandlung zum Tier enthalte „auch einen positiven Sinn. ...Seine Verfremdung hatte den Sinn, in ihm die ‚Sehnsucht' nach dieser ‚Nahrung' zu wecken*. ...Die letzte Intention von Gregors Käferverwandlung ist der Ausbruch in die Freiheit, die Sehnsucht nach der ‚unbekannten Nahrung' des Menschen." (S.124) Abgesehen davon, daß die Komplexität von Kafkas Texten solche knappen interpretatorischen Statements im Grunde verbietet, kann eine auch nur partiell positive Sicht des Verwandlungsgeschehens mit Sicherheit nicht den Absichten des Autors entsprechen. Die aus dem epischen Zusammenhang deutlich erkennbare – langsame Steigerung von der Nichtannahme des Vorgefallenen, von der Verdrängung bis hin zu Resignation und Verzweiflung, weiterhin die eindeutigen auk-

---

* Zum erzählerischen Kontext vgl. „*Die Verwandlung*", E 92

torialen Äußerungen und biographischen Bezüge lassen, wie noch deutlich werden wird, keinen Zweifel an der ausschließlich pessimistisch-fatalistischen Ausrichtung der Erzählung.

Recht detailliert befaßt sich Heinz Politzer (,,Franz Kafka. Der Künstler", Frankfurt am Main 1978 [Suhrkamp Taschenbuch 433]) mit den beiden hier hauptsächlich zur Diskussion stehenden Erzählungen (zum ,,Urteil" vgl. S. 91 ff., zur ,,Verwandlung" S. 109 ff.). Erfreulich ist zunächst einmal die Offenheit des Verfassers, der, am gegebenen Textbeispiel, sowohl eine mögliche hermeneutische Aporie im einzelnen einräumt (S. 97) als auch, sodann, die grundsätzliche strukturelle Mehrgliedrigkeit der Interpretation anerkennt (S. 109). Für ,,Das Urteil" betont Politzer vor allem die Bedeutung des Junggesellentums – der episch-biographische Stellenwert dieses Faktors ist bekannt – und Georgs schuldhafte Egozentrik. Wichtig ist auch, daß die über die Grenzen der Erzählung weit hinausreichende und für eine Analyse von Kafkas Leben und Werk ganz wesentliche Verbindung von Religion und Psychoanalyse – wir werden uns diesen entscheidenden ,,Integralfaktoren" ausführlich zuwenden (vgl. Stundenblatt Nr. 8 A–C) – punktuell gesehen wird: ,,Zwischen Vater-Imago und echter Divinität schwankt das Bild von Georgs Vater im Ungewissen" (S. 103). Ob Kafka allerdings, ,,ein Laienanalytiker seiner selbst" (S. 108), mit den in der Tat vordergründig anmutenden eigenen Kommentaren zum ,,Urteil" (vgl. die Tagebucheintragungen vom 11. und 12. Februar 1913) entweder dessen ganze Problemtiefe selber nicht erfaßt oder seine Zuhörer habe ironisieren wollen (S. 109), erscheint in dieser Alternativsetzung recht zweifelhaft. Wie nur wenige andere Schriftsteller hat Kafka seine Identität hinter einer Vielzahl von Masken vor dem Öffentlichen, Greifbaren verborgen. Hätte er den für ihn so notwendi-

gen Schutz anläßlich einiger Bemerkungen zu einer seiner Erzählungen plötzlich aufgeben sollen? Mag bei Kafkas ,,Selbstdeutungen" (S. 109) – handelt es sich hier wirklich um ,,Deutungen"? – in diesem Fall auch Dürftigkeit konstatiert werden können, so ist sie sicherlich (pars pro toto!) weder ein Zeichen von Unbeholfenheit noch von Spott, sondern eher ein weiterer Schritt zum Rückzug in sich selbst, ein Aufrichten neuer Barrieren, um die Preisgabe des Wesentlichen noch ein wenig hinauszuzögern.

Bei der Analyse der ,,Verwandlung" finden sich manche bemerkenswerten Erkenntnisse. Anzuerkennen ist auch hier die Zurückhaltung des Verfassers bei der Fixierung von interpretatorischen Resultaten. Seine Fähigkeit liegt in der Detailbeobachtung, in der konsequenten Aufgliederung des Textes, in dem Verzicht auf das Proklamieren schlüssiger Ergebnisse. Das Sammeln der variantenreichen Verarbeitungen des Zeitmotivs (S. 111, 115) geschieht sorgfältig, zu Recht hervorgehoben wird auch die enge geschwisterliche Vertrautheit zwischen Gregor und Grete (S. 118, 127 f.). Die Opferung aller eingängigen hermeneutischen Allgemeinplätze zugunsten von solch resignativen – sicher viel Detailarbeit verbergenden, auch in der Konsequenz Betroffenheit offenbarenden –, wenngleich schlichten Äußerungen wie ,,Kafkas ‚Verwandlung' ist der Einbruch einer hinter aller Empirie liegenden Macht in den Lebensbereich des Materiellen" (S. 132) verdient nicht zuletzt dann den nötigen Respekt, wenn dem Leser die Schlußfolgerungen aus der vorgelegten Materialfülle selbst überlassen werden.

Ganz allerdings läßt sich die Neigung zur überzogenen Einzeldeutung auch bei Politzer nicht unterdrücken. Wenn dieser zwischen den Äpfeln, die Gregors Vater auf den Käfer wirft, und dem Apfel vom Baum der Erkenntnis, von dem der biblische Bericht Kunde gibt, eine Verbindung sieht, so sind doch hier die Zusammenhänge keinesfalls einsichtig, und die Umständlichkeit der Bezugsherstellung (vgl. S. 122) zeugt eher von den Interpretationsproblemen des Verfassers als von der – proklamierten oder auch nur potentiellen – Eindeutigkeit des Kontextes. Auch solche wenig aufschlußreichen Feststellungen wie „Was hier [d. i.: in der „*Verwandlung*", mit Bezug auf Gregors berufliche Situation] zu Ende geht, ist die Freizügigkeit des liberalen Handelssystems, und was beginnt, die Uniformität des organisierten Kapitalismus" (S. 112) setzen die Exaktheit der Einzelbeobachtungen keineswegs konsequent fort, sondern verführen zu einer verallgemeinernden Betrachtungsweise und einem vorgeblichen *common sense*.

Dennoch muß festgestellt werden, daß Politzers Buch für den auf das Sammeln und Vergleichen von Motiven, auf eine sorgfältige, textorientierte Analyse und eine insgesamt stimmige, umfangreiche Detailarbeit bedachten Lehrer einen erheblichen Gewinn darstellt, der sich in der unmittelbaren didaktischen Einzelumsetzung niederschlagen kann.

Benno von Wiese betrachtet in seinem Interpretationsband „*Die deutsche Novelle von Goethe bis Kafka*" (Bd. II. Düsseldorf 1962, S. 319 ff.) „*Die Verwandlung*" unter gattungsspezifischen Gesichtspunkten. Solches kann natürlich nie ganz falsch sein, da es keine allgemein verbindliche Novellentheorie gibt. Allerdings wirkt die Begründung der Zuordnung – die Spannung, die extreme Subjektivität, der entschiedene Wille nach Wahrheit (S. 345) – nicht unbedingt überzeugend. Doch sind solche Gattungsfragen, bei denen wohl auch der Zwang der Einordnung eine gewisse Rolle spielte, sekundär. Wichtiger ist, daß von Wiese im ganzen einen brauchbaren Essay formuliert, in dem zwar manches an der Oberfläche bleibt und oft zitiert und paraphrasiert wird, bei welchem aber auch keine Neigung zu einseitigen Deutungen zu spüren ist. Begrüßenswert ist die Wiedergabe einiger Forschungsmeinungen

zu Beginn, wesentlich auch die gleich anfangs (S. 322 f.) getroffene Abgrenzung gegenüber der Märchenwelt und dem Versuch einer Identitätsaufhebung von Gregor und dem Käfer. Von grundsätzlicher Wichtigkeit ist der Verweis auf die biographisch/psychologischen Zusammenhänge: Gregor „zeigt bis ins masochistisch Selbstquälerische, bis in die trostlose Isolierung noch die Züge von Kafka selbst" (S. 328); Kafkas „*Verwandlung*" muß „in erster Linie als eine Familiengeschichte gesehen werden" (S. 331). Von Bedeutung ist für den Lehrer bei von Wieses Aufsatz vor allem die grundsätzliche Wegrichtung, die hier gewiesen wird; weiterführende, subtile Analysen kann und will der Beitrag nicht bieten.

Die gründlich gearbeitete Untersuchung von Karl-Heinz Fingerhut „*Die Funktion der Tierfiguren im Werke Franz Kafkas*" (Bonn 1969) ist vor allem motivlich-systematisch orientiert; eine eingehendere Deutung der „*Verwandlung*" ist nicht beabsichtigt. In der Schilderung Gregors als „ungeheueres Ungeziefer" sieht Fingerhut nicht nur „die extreme Steigerung des Abstoßenden", sondern auch ein „Bild-Zeichen der Vereinzelung und Vereinsamung" (S. 112). Die Situation des Kafkaschen Tieres – die Perspektive wird auf andere „Tiergeschichten" des Autors erweitert – spiegelt für Fingerhut unmißverständlich den biographischen Hintergrund: „Körperlichkeit und Charakter des Tieres sind ... sprechende Zeichen für eine Welthaltung, die der Autor als typisch für sich selbst ansah." (S. 190 f.) Im folgenden (S. 191 ff.) werden – in der Ausführung relativ knapp, dafür aber mit einer Vielzahl von Belegen – die „Parallelen zwischen der psychischen Situation der Figur und der des Dichters" genauer betrachtet: Bestimmte Wesens- und Verhaltenseigenschaften der jeweiligen Tierfigur sind ein Abbild seelischer Grundstrukturen des Autors, der Angst, der Neigung zum Selbstquälerischen und zur Selbstbestrafung, des Rückzugs aus der Welt und der ständigen Verteidigungsanstrengungen, so daß kein Zweifel daran bestehen kann, „daß der Autor sich in der Figur seiner Erzählung selbst darstellt. ... Das Tiersein des Berichtenden ist also bildhafter Ausdruck der affektischen Einstellung des Autors zu sich selbst in bezug auf das erzählerisch durchreflektierte Problem." (S. 192 f.)

Ganz sicher ist Fingerhut mit diesem Ansatz auf dem richtigen Wege. Wir werden in diesem Heft zu zeigen versuchen, wie unmittelbar der Kafka-Samsa-Bezug zu verstehen ist, und gleichzeitig deutlich machen, daß durch die vorrangig biographische Perspektive den Schülern diese ihnen zunächst so befremdlich erscheinende Erzählung am ehesten nahegebracht werden kann.

Nach allem ist für den Lehrer zweifellos die Benutzung von Binders „Kafka-Handbuch" und „Kafka-Kommentar" am hilfreichsten. Darüber hinaus halten wir hinsichtlich der beiden hier hauptsächlich zur Diskussion stehenden Erzählungen „Die Verwandlung" und „Das Urteil" Politzers Ausführungen für am besten gelungen.

Weitere Literaturangaben finden sich in den genannten Büchern in reichem Maße.

Methodische Vorüberlegungen

Bei Kafka ist der didaktisch-methodische Aspekt wie kaum sonst abhängig von den gewählten Erklärungsprinzipien.

Kafka ist zu denjenigen Autoren zu rechnen, bei denen die Verstehbarkeit der Texte wie auch die Verständnisfähigkeit der Leser nicht nach gewissen feststehenden (wenn auch im einzelnen durchaus differenzierten) perspektivischen bzw. hermeneutischen Komponenten beurteilt werden kann. Schon eine erste Durchsicht auch nur eines Teils der zahlreichen fachwissenschaftlichen Deutungen – eine knappe Auswahl haben wir im vorhergehenden Kapitel vorgestellt – könnte den Lehrer entmutigen angesichts der ihm bevorstehenden Aufgabe, diesen schon von der Auslegung her so komplexen und niemals eindeutig fixierbaren Stoff auf sinnvolle Weise didaktisch-methodisch umzusetzen. Denn mit der Feststellung allein, daß es eine große Zahl verschiedener Interpretationsgrundsätze gibt, ist es natürlich nicht getan. Wie bei kaum einem anderen Dichter muß der nicht spezifisch vorgebildete Leser von Sekundärliteratur nämlich häufig zuerst einmal die Verstehensform des Interpreten zu begreifen versuchen. Was bedeutet es zum Beispiel, wenn dieser von „Wirklichkeit" spricht? Entspricht *sein* Realitätsverständnis überhaupt demjenigen Kafkas? Welche potentiellen Deutungsprobleme müssen unter Umständen zusätzlich eingerechnet werden, wenn zwar die Begriffe, nicht aber ihre Wesenseigenschaften übereinstimmen? Auch kann es sein, daß ein Interpret zum Gefangenen seiner eigenen Methode wird, wenn er der Gefahr des hermeneutischen Zirkels erliegt. Wer allzu entschieden von christlich bestimmten, tragischen, nihilistischen oder sonstigen Deutungsprämissen ausgeht, wird nicht selten, vorschnell genug, zu scheinbar eindeutigen Lösungen gelangen und, den Zwängen der Systematisierung erliegend, die Bildersprache der Texte simplifizieren oder gar mystifizieren. Hinzu kommt, daß sich heute bereits Kafka-Deutungsschulen gebildet haben, die wenig miteinander Kontakt halten und ein umfassenderes Gesamtverständnis von Dichter und Werk nicht unbedingt erleichtern.

Überzeugen können am ehesten solche Arbeiten – vielleicht hat der vorangegangene Literaturüberblick dies ein wenig anschaulich machen können –, die, ohne weltanschauliche Voraussetzungen und eine beängstigend sichere Urteilskraft bei jedem Detail, dafür aber auf der Basis von gründlichen Textanalysen und vorerst keiner anderen hermeneutischen Systematik als dem – objektiven, weil nachprüfbaren – Leitprinzip des Biographischen folgend, den Tatbestand des allgemein Verstehbaren aufzeigen und in seiner Problemtiefe umreißen, wobei die Möglichkeit zu einer weiterführenden (theologischen, psychoanalytischen u. a.) Deutung grundsätzlich immer offenbleibt.

Sorgfältiges Arbeiten mit den Schülern am Text und eine entschiedene Beachtung der biographischen Zusammenhänge soll für uns auch die wesentliche Maßgabe zur Behandlung von Kafkatexten im Unterricht sein. Jenes ist aufgrund der punktuellen Signifikanz einzelner Worte und Satzpassagen bei Kafka von besonderer Bedeutung und daher unbedingt notwendige Voraussetzung, dieses bringt, neben dem Erfordernis einer vorurteilsfreien Interpretation, auch den für die Schüler so wichtigen Vorteil der Anschaulichkeit. Eine differenzierte Beobachtung des Biographischen, mithin eine – ohne jede Nivellierung vollzogene – prinzipielle Deutung der „*Verwandlung*" als „Familiengeschich-

15

te" bietet für die Schüler eine hinreichende (wenn nicht überhaupt allein sinnvolle?) Grundlage des Verstehens – die Bezüge sind hier in sich schon komplex genug. Mögliche weitere Interpretationsmodelle – der mythologische, der psychoanalytische, der theologische Ansatz – werden dann in den abschließenden Stunden diskutiert.

Wird den Schülern die Lektüre der *„Verwandlung"* kommentarlos als Hausaufgabe gegeben, kann es passieren, daß der Lehrer in der Stunde, in welcher er mit der Besprechung beginnen will, bei manchen Kursteilnehmern auf starke Ablehnung stößt. Diese kann verschiedene Ursachen haben: Zum einen mag ein gewisser Ekel eine Aversion gegen eine weitere, noch intensivierte Beschäftigung mit dem „Gegenstand" bewirken (dieser „Ekel-Effekt" wird sich allerdings kaum immer ganz vermeiden lassen, im übrigen ist er von Kafka beabsichtigt), zum andern ist es denkbar, daß ein paar Schüler (vielleicht eine weitere Abwehr-Variante?!) versuchen, den Text ins Lächerliche zu ziehen, und schließlich kann die vordergründige Unverständlichkeit der Erzählung ein Gefühl der Ratlosigkeit, der Skepsis gegenüber den Deutungsabsichten des Lehrers hervorrufen.

Um Verhaltensweisen dieser Art in Grenzen zu halten bzw. eine einseitig-negative Fehlprogrammierung für das Kommende zu vermeiden, muß der Lehrer, bevor er durch eine detaillierte Analyse die in sich bündige Logik und damit die Möglichkeit einer Entschlüsselung des chiffrehaft Verkleideten aufzuzeigen versucht, die Schüler durch eine allmähliche Heranführung an den Text mit Kafkas komplexer Thematik vertraut machen; für die Besprechung der weiteren Erzählungen kann er dann auf dem eingangs Erarbeiteten aufbauen. Er sollte aber auch trotz, ja gerade wegen der akribischen Ausleuchtung der Käfer-Sphäre und der engen Bezugsetzung zum Biographischen die Verbindung zu einem allgemeingültigen Wirklichkeitsbegriff stets aufrechterhalten. (Um eine Übereinkunft hinsichtlich eines akzeptablen „Wirklichkeitsmodells" zu ermöglichen, kann versucht werden, gewisse diesbezügliche objektive Kriterien zu erarbeiten und zu definieren.) Daß etwas Unheilvolles, rational nicht bis in die letzten Tiefen hinein genau Faßbares unser Welt- und Selbstverständnis in Frage zu stellen vermag, ist für die meisten der Jugendlichen eine in dieser Radikalität (sei's auch in Gestalt der dichterischen Fiktion) noch nicht gemachte Erfahrung. *„Die Verwandlung"* darf nicht zu nächtlichen Schlafstörungen oder gar zu traumatischen Zwangsvorstellungen führen, so notwendig es auch ist, die Wunschbilder einer „heilen Welt" zu hinterfragen.

Der Lehrer wird also auch darum bemüht sein, ein Bild des „Dichters und Menschen" Franz Kafka zu zeichnen. Er wird Kafkas Ausbildung, die Form seiner Berufsausübung, die gespannte Vaterbeziehung, die Familienstruktur, die wechselvollen Partnerbindungen und, nicht zuletzt, den Einfluß des Prager Milieus zur Sprache bringen (manches davon kann durch Schülerreferate geschehen). Damit wird das Skurrile, das Schreckliche ein wenig greifbarer, vorstellbarer und eine Form der geistigen Verarbeitung erreicht.

Mit Sicherheit bietet der Verzicht auf eine schulische Diskussion der zahllosen Interpretationsmodelle – die Schüler wären zweifellos überfordert – zugunsten einer gegenständlichen, so konkret wie möglich gehaltenen Auslegung die der pädagogischen Praxis am ehesten angemessene Methode. Anschaulichkeit muß für den Lehrer gerade bei der Besprechung von Kafkatexten ein stets zu beachtendes Postulat bleiben – die Loslösung von der Käfer-Sphäre wird von den Schülern ohnehin noch genügend Abstraktionsvermögen erfordern. Dabei ist die Vergegenwärtigung von Kafkas Lebensumständen wegen des oft sehr direkten Werkbezuges weit mehr als bloße Dokumentation –

man denke nur an die Rolle des Vaters und der Lieblingsschwester Ottla. Bei solchen zentralen Themen ist der Rückgriff auf das Biographische – etwa bei der Heranziehung des *„Briefes an den Vater"* – bereits „Deutung"!

Nicht zuletzt bei der Heranführung an die Texte ist diese Anschaulichkeit nötig, sie ist nicht nur schmückendes Beiwerk! Auch der von uns herausgegriffene funktionale Bezug zu Bauten aus Kafkas unmittelbarer Umgebung ebenso wie die im Sinn der Vorbereitung zu verstehende Besprechung verschiedener kleinerer Erzählungen (vgl. Stundenblatt Nr. 1) sollen dazu beitragen, daß die Schüler sich vom Grotesken, vom Schrecklichen, von Traum und Tod „ein Bild machen", sollen vermeiden, daß das anonyme Grauen aus der *„Verwandlung"* sie unvorbereitet trifft. Vielleicht gelingt es auf diese Weise zuletzt auch, den Spielraum einsehbarer, einsichtiger Interpretationen um ein geringes zu erweitern.

Um dem Lehrer den Aufbau der Unterrichtseinheit auf einen Blick zu verdeutlichen und ihm die Planung zu erleichtern, geben wir auf den Seiten 18–25 eine tabellarische Übersicht über die Gesamtkonzeption.

Separate methodische Vorüberlegungen finden sich zur 4. und zur 12.–14. Stunde (s. S. 34 und 55 ff.).

Diese Übersicht läßt dem Lehrer im einzelnen genügend Freiraum zur Disposition und damit zur Abwandlung der vorgeschlagenen Strukturen. Sie ermöglicht ihm aber auch eine exakte zeitliche Planung, ein Programmieren der verschiedenen Hausaufgaben und eine genaue Terminierung der Referate (für die Informationen über den biographischen Hintergrund [vgl. Stundenblatt Nr. 5 und 6] stehen den Schülern Binders *„Kafka-Handbuch"* und *„Kafka-Kommentar"* sowie Wagenbachs Kafka-Monographie [vgl. zu allen Titeln das Literaturverzeichnis] zur Verfügung). Der veranschlagte Zeitraum von vierzehn Stunden wie auch die chronologische Einzelfixierung sind dabei nicht als „Soll-Zeiten" zu verstehen, die unbedingt eingehalten werden müßten, sondern als Orientierungswerte. Die Stunden sind einerseits so angelegt, daß der Lehrer in einem leistungsstarken und arbeitswilligen Grundkurs bei entsprechender Mitarbeit aller Beteiligten die dargebotene Stoff-Fülle in der angegebenen Zeit bewältigen kann (zu der Grundkursform der Stunden 12–14 s. S. 59 f.). Andererseits sind die einzelnen Sequenzen gut auf einen längeren Zeitraum hin dehnbar, so daß viele Möglichkeiten zur individuellen Schwerpunktsetzung, zur weiteren Vertiefung der Diskussionen, zu Wiederholungen usw. bestehen. In jedem Fall wird sich der Lehrer von der konkreten Schülersituation leiten lassen und für eine modifizierte Gestaltung offen sein. Allerdings sollte er die grundsätzliche Struktur der Unterrichtseinheit nach Möglichkeit unangetastet lassen, mithin das Folgeschema

– Mehrstufige Einführung
– Textanalyse der *„Verwandlung"*
– Erläuterung des biographischen Hintergrundes
– Vertiefende Deutung des zentralen Vater/Sohn-Problems *(„Das Urteil")* und Feedback *(„Heimkehr")*
– Aufzeigen von einem (GK) oder mehreren (LK) Deutungsverfahren ([mythologisch]/psychoanalytisch/[theologisch])

im Prinzip beibehalten.

Eine differenzierte, genau überlegte Vorbereitung auf *„Die Verwandlung"* durch die ersten beiden Stunden ist unbedingt notwendig, weil die Schüler mit der besonderen Problemlage von Kafkatexten nur allmählich vertraut werden können – der Überraschungs-, u. U. sogar Schockeffekt während und nach der Lektüre der *„Verwandlung"* wird ohnehin noch groß genug sein. Der Lehrer wird für den Stoff dieser Stunden mehr Zeit ansetzen müssen, wenn das Begreifen der Bilderwelt, der photographischen wie der verbalen (s. Stundenblatt Nr. 1), größere

Übersicht über die geplante Unterrichtseinheit

Stundenblatt Nr.	Inhalt (Kurzfassung)	Begründung des Themas	
1 (1./2. Std.)	Prager Bauten Einige themenverwandte Kurzerzählungen Kafkas	Einführung in bei Kafka zentrale Motive: Hierarchiedenken – übermächtige Vaterfigur – Ausweglosigkeit des menschlichen Bemühens – Paradoxie der Existenz Anschauliche Darbietung des Themas	
2 (3. Std.)	Schülerreaktionen auf *„Die Verwandlung"* Kafkas Käfer in der Kunst Ist der Käfer wirklich abbildbar?	Sammeln erster Eindrücke Aufzeigen der Grenzen der bildlichen Darstellung Abgrenzung nach Gattung und Gehalt	

Referate, Hausaufgaben	Für den Lehrer besonders zu beachten
Referatvergabe: Kafkas Leben (3 Referenten, Kooperation möglich) Einteilung: I: Kafka und seine Schwester Ottla (*Zeit:* 6./7. Std.) II: Die Eltern – Kindheit und Schulzeit – Beruf (*Zeit:* 8./9. Std.) III: Tageseinteilung – Frauenbeziehungen – Bekanntenkreis (*Zeit:* 8./9. Std.) *Arbeitsgrundlage:* Binder, *„Kafka-Handbuch"* und *„Kafka-Kommentar"* Wagenbach, *„Kafka"* (rm 91) *Hausaufgabe:* Lesen der *„Verwandlung"* (*Zeit:* 3. Std.; ggf. läßt sich eine weitere Std. einschieben)	Bildprojektion: Materialien bereithalten! Der Lehrer verteilt die Texte (Fischer Tb. 1078) am Beginn der Stunde (Klassensatz). Das Lesen der *„Verwandlung"* darf erst nach erfolgter Vorbereitung der Sachproblematik am Ende der Sequenz als HA. gestellt werden. Der Lehrer sorgt dafür, daß den Referenten die notwendigen Bücher zugänglich sind.
Referatvergabe: Der Deutungsansatz der Psychoanalyse nach S. Freud (2 Referenten/*Grundkurs*) Einteilung: I: *„Die Frage der Laienanalyse"* (*Zeit:* 12.–14. Std.) II: *„Der Untergang des Ödipuskomplexes"/„Einige psychische Folgen des anatomischen Geschlechtsunterschieds"/„Das Ich und das Es"* (*Zeit:* 12.–14. Std.) *Arbeitsgrundlage:* Freud, Werkausgabe in 2 Bdn. (1979) Zusätzlich für einen *Leistungskurs:* *Referatvergabe:* Der mythologisch/psychoanalytische und der theologische Deutungsansatz (je 2 Referenten) Einteilung:	Die Spontanäußerungen der Schüler sollten nicht korrigiert werden (→ spätere Einsicht!). Für die HA.: Den Schülern muß klar sein: Sie sollen den Text nicht „noch einmal lesen", sondern exakt analysieren. Die Möglichkeit einer psychoanalytisch ausgerichteten Sinngebung ist eine gute Motivation zur Referatübernahme. Nach der Stunde: Ausführliche Besprechung mit den Referenten (ggf. weitere Terminvereinbarungen). Auch hier hilft der Lehrer bei der Beschaffung der Literatur.

Stundenblatt Nr.	Inhalt (Kurzfassung)	Begründung des Themas	
3 (4. Std.)	Gregors neues Selbstverständnis Die Lage von Gregors Zimmer	Die Resultate einer genauen Textuntersuchung sind die Voraussetzung für ein späteres Gesamtverständnis (vgl. Std. 5–7). Biographischer Bezug (Rückgriff ab 8. Std. möglich): Zimmersituation	

Referate, Hausaufgaben	Für den Lehrer besonders zu beachten
III: Hesiods *„Theogonie"* und der Begriff des „Mythos" *(Zeit:* 12.–14. Std.) *Arbeitsgrundlage:* Hunger, *„Lexikon der griechischen und römischen Mythologie"* v. Ranke-Graves, *„Griechische Mythologie"* v. Wilpert, *„Sachwörterbuch der Literatur"*	
IV: Mythos und Psychoanalyse *(Zeit:* 12.–14. Std.) *Arbeitsgrundlage:* Aus S. Freuds *„Totem und Tabu"* die Kap. *„Die Inzestscheu"* und *„Die infantile Wiederkehr des Totemismus"* (Zweibändige Werkausgabe)	
V/VI: *„Gott in Israel"; „Vatername Gottes"* *(Zeit:* 12.–14. Std.) *Arbeitsgrundlage:* *„Die Religion in Geschichte und Gegenwart",* Bd. II und VI	
Hausaufgabe: Systematisches Durcharbeiten des ersten Teils (E 56–70) *Zeit:* nächste Std.	
Referatvergabe: Der „biologische" Mistkäfer (1 Referent) *Zeit:* nächste Std. *Arbeitsgrundlage:* ein einschlägiges Biologiebuch; *„Brehms Tierleben"* *Hausaufgabe:* Durcharbeiten des zweiten Teils (E 70–85) *Zeit:* nächste Std.	Bis zum Einbezug des Biographischen (ab Stundenblatt Nr. 5) bleibt die Deutung textimmanent. Die zoologische Kurzinformation über den Mistkäfer sollte nicht vor der 5. Std. erfolgen. Falls den Schülern die Bildebene noch nicht ganz einsichtig ist, muß das Referat – um allzu konkret-banale Züge zu vermeiden – später gehalten werden (z. B. am Ende der Textuntersuchung).

Stundenblatt Nr.	Inhalt (Kurzfassung)	Begründung des Themas	
4 (5. Std.)	Gregor: Das Tier in der Familie Mistkäfer-Referat	Leitmotivische Detailuntersuchungen Vertiefende Vorbereitung auktorialer Lebenssituationen (Feedback ab 7. Std.)	
5 (6./7. Std.)	Gregors Ende Versuch einer ganzheitlichen Textüberschau Konkreter Einstieg ins Biographische	Abschluß der Textinterpretation Erstellen eines Deutungsfazits (Regression!) Bezug zur Schwester als „Aufhänger" für die Verbindung von Fiktion und Realität	
6 (8./9. Std.)	Ausweitung des biographischen Hintergrundes Der *„Brief an den Vater"* – ein auktoriales Psychogramm?!	Kafkas Lebenssituation ist die erste und wichtigste Grundlage für eine Gesamtdeutung. Wiederkehr der dominanten Vater-Imago in zahllosen Einzelmotiven	

Referate, Hausaufgaben	Für den Lehrer besonders zu beachten
Hausaufgabe: Durcharbeiten des Schlußteils (E 85–99) *Zeit:* nächste Std.	Die Zunahme der textlichen Arbeits- grundlage nach Gehalt und Gestalt erfordert für den Lehrer ergebnis- orientierte „Einstiegsformen" (s. Phase 1). Voraussetzungen zur Bildprojektion und zum Schülerreferat prüfen!
Hausaufgabe: Lektüre von Kafkas *„Brief an den Vater"* (Fischer Tb. 1629) *Zeit:* nächste bzw. übernächste Std.	Eine kurze Absprache vor der Stunde zwischen dem Lehrer und dem Referenten bezüglich der thematischen Zuordnung (s. Phase 6) ist zweckmäßig. Für weniger leistungsstarke Kurse sollte der Lehrer zur Erarbeitung des Schluß- teils anstatt des Klassengesprächs die Form der Gruppenarbeit wählen. Ggf. muß aufgrund der etwas umfang- reichen HA. eine andere Std. eingefügt werden. Eine frühere Aufgabenstellung ist aber nicht angebracht (Wahrung des textimmanenten Bezugsrahmens!). Voraussetzungen zur Bildprojektion und zu den Schülerreferaten prüfen!
Hausaufgabe: Vorbereitung folgender Texte: F. Kafka, *„Das Urteil"* (E 23–32); *„Heimkehr"* (E 320 f.) Das Gleichnis vom verlorenen Sohn (Lk. 15, 11–32) *Zeit:* nächste Std.	Kurze Orientierung vor der Stunde zwischen den beiden Referenten Konkreter Einstieg für den Lehrer in die Gruppenarbeit: Erfahrungen heutiger Jugendlicher mit ihrem Vater bzw. ihren Eltern Rücksprache des Lehrers mit dem Referenten der 11. Std. Vorbereitung des Informationspapiers zum biblischen Text

Stundenblatt Nr.	Inhalt (Kurzfassung)	Begründung des Themas	
7 (10./11. Std.)	Interpretation des *„Urteils"* unter dem Leitgesichtspunkt der Vater/Sohn-Problematik *„Heimkehr"* als Paradigma Kafkascher Erzählthematik	Kennenlernen einer weiteren zentralen Erzählung Kafkas Feedback (durch Kontrastierung mit einem biblischen Text) Erkennen der Verzahnung von Fiktion und biographischem Hintergrund an einem Einzelbeispiel	
8 (12.–14. Std.)	Aufzeigen verschiedener allgemeiner Deutungsmöglichkeiten (mythologischer, psychoanalytischer, theologischer Ansatz) *(Leistungskurs)* bzw. Zentrierung der Deutung auf S. Freuds Psychoanalyse *(Grundkurs/11. Kl.)* Versuch einer Verbindung zwischen der individuellen Analyse und dem direkten Bezug zum Autor *(Leistungskurs)*	Nach der textimmanenten Auslegung und dem Rückgriff auf das Biographische ist zumindest *eine* grundsätzliche Form der „Erklärung" notwendig. Die Schüler erhalten einen Einblick in die Möglichkeiten und Grenzen der Interpretation literarischer Texte.	

Referate, Hausaufgaben	Für den Lehrer besonders zu beachten
Je nach Zeiteinteilung und Leistungsstand des Kurses kann der Lehrer die in der nächsten Sequenz benötigten Arbeitstexte auch hier schon zur häuslichen Vorbereitung aufgeben.	*„Das Urteil"* und *„Heimkehr"* können – nach ausführlicher Analyse des *„Briefes an den Vater"* – vom Lehrer auch schwerpunktmäßig im Sinn einer Bestätigung des bisher Erarbeiteten behandelt werden.
	Bei dem Feedback-Teil darf das freie Gespräch (Phase 5) nicht zu kurz kommen. Die stark kontrastive Struktur beider Texte fordert, zumal wenn die Stellungnahme durch persönliche Erfahrungen geprägt ist (s. o.), engagierte Reaktionen heraus.
	Der Lehrer kontrolliert den Stand der in der Schlußsequenz zu haltenden Schülerreferate.
	Aufbau und Durchführung der Schlußsequenz hängen ab von der Art des Kurses (zur jeweils notwendigen Disposition des Lehrers vgl. die „Methodischen Vorüberlegungen" zur 12.-14. Std.).
	Der Lehrer ist in diesen Stunden für die fachfremden Gebiete besonders gründlich vorbereitet.
	Bei den Schülern darf nicht der Eindruck entstehen, die abschließenden „Deutungsstunden" seien der wesentliche Teil der Unterrichtseinheit. Der Lehrer betont, daß die Psychoanalyse S. Freuds hier zwar manches klären, aber auch keine eindeutigen „Lösungen" bieten kann. Vorrangig bleibt das Biographische.
	Besonders viel Raum sollte der Lehrer für die Diskussionen lassen, zur Klärung von Einzelfragen und auch für einen Rückblick auf die ganze Unterrichtseinheit.

Schwierigkeiten bereitet. Dabei sollte er berücksichtigen, daß es hier nicht nur um das rationale Erfassen von Problemen geht, sondern auch, ähnlich wie bei den Photos der Kafka-Familie (vgl. Stundenblatt Nr. 5 und 6), um ein affektiv-emotionales Nachempfinden der Bilder – Zeit zum „Anschauen" muß genügend vorhanden sein.

Der Lehrer verteilt also zu Beginn der ersten Stunde (nach *Phase 1*) die Texte (Franz Kafka, *„Sämtliche Erzählungen".* Fischer Taschenbuch 1078) – sie bilden die notwendige Arbeitsgrundlage –, stellt aber erst am Ende der Sequenz die Hausaufgabe: Lektüre der *„Verwandlung".* Keinesfalls dürfen die Schüler die Erzählung schon vor der ersten Stunde kennen.

Das Einhalten jenes oben skizzierten Strukturschemas – allenfalls ist der Verzicht auf die Feedback-Phase bei akuter Zeitknappheit denkbar – macht auch eine „Motivationskontinuität" möglich: In den ersten beiden Stunden haben die Schüler die Besonderheit der Thematik, die ihnen anschaulich nahegebracht wurde, gespürt – Neugier und Bereitschaft zur Textlektüre sind geweckt. Nach dem Lesen und (individuell unterschiedlichen) „Erleben" des Textes ist der Wunsch nach einer Erklärung da – die Schüler merken bald, daß ein oberflächliches Herumdeuten nicht weiterhilft, und sehen ein, daß genaue Arbeit am Text nötig ist –, sodann auch nach einem Kennenlernen des Menschen, der „so etwas" hat schreiben können (biographischer Teil). Sowohl die Textanalyse als auch die Erläuterung des biographischen Hintergrundes zielen auf eine Herausarbeitung des Vater/Sohn-Konfliktes hin – wenn der Lehrer seinen Schülern Gelegenheit gibt, die eigenen diesbezüglichen Schwierigkeiten ausführlich zu verbalisieren (s. u.), sind sie leicht zum nächsten Schritt zu motivieren: zur Erweiterung und zur Vertiefung dieses Themas in Form der Besprechung des *„Urteils";* der Feedback-Teil konsolidiert das Erarbeitete. Schließlich

wird der Hinweis auf die Notwendigkeit einer überindividuellen Deutung, vor allem die Erwähnung der Vorstellungschiffren „Psychoanalyse" und „Sigmund Freud", in der Lage sein, die Schüler für eine aktive Mitarbeit in der Schlußsequenz zu gewinnen.

Natürlich lassen sich auch manche Sozialformen didaktisch variieren. Strebt der Lehrer eine stärkere Orientierung nach Lernzielen an, kann er z. B. bei der textlichen Analyse der *„Verwandlung"* die für die Gruppenarbeit der jeweils folgenden Stunde vorgesehenen Leitfragen bereits in der vorangehenden Stunde in präziser Formulierung als Hausaufgabe stellen (in den hier vorliegenden Beispielen wurden mehrfach allgemeinere Themenschwerpunkte gewählt, vgl. Stundenblatt Nr. 2–4). Solches würde, vor allem bei weniger aktiven Klassen, den Einstieg in die Gruppenarbeit erleichtern und die Fixierung der Ergebnisschwerpunkte in der Regel eher ermöglichen, beides allerdings auf Kosten einer gewissen „Gängelung" durch den Lehrer. Hier mag der Lehrer selber entscheiden, welches Verfahren er in seinem Kurs für geeigneter hält.

Auch wird bei einer geringeren Abstraktionsfähigkeit der Kursteilnehmer die Anschaulichkeit mancher Lerninhalte stärker zu berücksichtigen sein. So läßt sich ggf. bei den hierfür in Frage kommenden Stunden der Bildteil erweitern (s. Stundenblatt Nr. 1, 2, 5, 6), auch sollte sich der Lehrer nicht davor scheuen – vor allem wenn das Kommunikationsbedürfnis einzelner Schüler an diesem Punkt deutlich sichtbar wird –, angesichts von Kafkas *„Brief an den Vater"* (vgl. Stundenblatt Nr. 6) mögliche vergleichbare Erfahrungen der Teilnehmer mit ihrem Vater bzw. ihren Eltern – wenn nötig, ausführlich – zur Sprache zu bringen. Die Nähe zum Autor, das Gespür für seine Intentionen werden mit Sicherheit größer, wenn der Schüler die eigene Situation auch nur in einigen Belangen mit dessen Problemen vergleichen kann (Möglichkeit der partiellen Identifikation).

Schließlich kann, zum Zweck der gründlicheren Stofferfassung, der Feedback-Effekt verstärkt werden, indem der Lehrer weitere Erzählungen Kafkas, die mit den hier ausgewählten thematisch verwandt sind, zur Besprechung heranzieht. Die Textauswahl für dieses Stundenblätter-Heft geschah nach dem Leitgesichtspunkt der epischen Vergegenwärtigung der Vater-Imago, also nach der Maßgabe der für Kafka so entscheidenden und in all den zahlreichen erzählerischen Variationen im Grunde gleichbleibenden Beziehung zum Vater, zum Über-Ich. So kann es im Einzelfall, z. B. bei einer insgesamt antriebsschwachen und schwer zu motivierenden Gruppe, angebracht sein, wenn der Lehrer, anstatt die Sinngebung nach überindividuellen Gesichtspunkten allzusehr in den Vordergrund zu stellen, „rückkoppelungsorientiert" den unmittelbaren Bezugsrahmen stärker fortsetzt und eine Reihe weiterer ähnlich gelagerter Texte bespricht, mithin zwar inhaltlich-methodisch nicht ganz so variabel, dafür aber exemplarisch vorgeht und mit Hilfe zusätzlicher Beispiele das Erlernte im einzelnen konsolidiert.

Darstellung der Einzelstunden

1./2. Stunde:
Einführung in die Geisteswelt
Franz Kafkas:
Architektonische Besonderheiten
der Prager Baukunst /
Ausgewählte Erzählungen

Der Hinführung zum Text, deren es hier in besonderem Maße bedarf, dienen die ersten beiden Stunden (auch die dritte hat in gewissem Sinn noch diese Funktion). Noch ohne daß ein Bezug zum Werk Kafkas deutlich gemacht wird, sollen zunächst einmal einige von ihrer architektonischen Wirkung her eindrucksvolle, in ihrer pittoresken Absonderlichkeit gewiß nicht singuläre Ansichten von Prager Palästen, der Altstadt usw. den Schülern vermittelt werden (*Phase 1*). Es geht hier jedoch, wie oben schon erwähnt, nicht nur um reine Dokumentation. Die verwinkelten Gassen, die steilen, scheinbar ins Unendliche mündenden Treppen, die langen Palastgänge mit den vielen Türen sollen nicht nur gezeigt, sie sollen interpretiert werden als prototypische Muster einer bedrängten Lebensform, wie sie aus Kafkas Werk – und aus seinem Leben – bekannt ist. Der Lehrer wird seine Auswahl also entsprechend treffen. Wir halten den Bildband von Urzidil/Jaenicke* in bezug auf unsere Absicht für sehr geeignet (natürlich läßt sich auch anderes Bildmaterial verwenden) und empfehlen daraus die Photos von den Treppen im Fürstenberg-Garten (S. 115, 116), das Bild eines Innenhofes in der Altstadt (S. 159) und die Aufnahme des Treppenhauses im Palais Clam-Gallas (S. 167).

Bei der „Deutung" der Photos – die angegebene Reihenfolge muß nicht unbedingt eingehalten werden – wird der Lehrer das Gespräch mit der Klasse dahingehend lenken, daß die Schüler bei der Analyse der beiden zunächst zu besprechenden Erzählungen *„Eine kaiserliche Botschaft"* (E 138 f.) und *„Vor dem Gesetz"* (E 131 f.) (*Phase 2–4*) den Zusammenhang zwischen Bild und Text unschwer erkennen, der dann im Prozeß des Feedback (*Phase 5*) nochmals optisch/imaginativ verarbeitet werden soll.

Die Treppen-Architektonik im Fürstenberg-Garten bietet sich als kunstvolles Korrelat geradezu an. Siebzig Stufen, in nicht unterbrochener Steilheit nach zwei Torbögen in unkonturierter Schwärze sich verlierend, geben auch dem neutralen Betrachter das Gefühl der Bedrückung, der Existenz einer anonymen Über-Macht, zu welcher er sich anschickt hinaufzusteigen (Perspektive!). Ohne große Schwierigkeiten werden die Schüler zu einem späteren Zeitpunkt (*Phase 3–5*) die Verbindung zu der Erzählung *„Vor dem Gesetz"* herstellen können*. Die hierarchische Struktur – bildhaftes Element der Erzählung, erzählende Botschaft des Bildes – fällt sofort auf, ebenso liegt die Assoziation Torbogen/Türhüter auf der Hand. Von jenen sind zwei zu sehen, diese erscheinen vielfach, wenn auch nur einmal in konkreter Gestalt,

---

* *„Prag. Glanz und Mystik einer Stadt"*, Krefeld o. J.

* Letztere ist bekanntlich ein Bestandteil des *„Prozesses"*, für dessen Grundstruktur – ebenso wie für den Roman *„Das Schloß"* – die Treppenarchitektonik des Fürstenberg-Gartens insgesamt (vgl. S. 116) und in einzelnen Sequenzen (vgl. S. 115) ein geradezu paradigmatisches Beispiel bildet. Hinsichtlich der Bedeutung des Prager Stadtbildes für das Werk Kafkas denke man auch an den Winter 1916/17, in dem der Dichter in dem hingeduckten Häuschen in der Alchimistengäßchen, unterhalb der majestätisch drohenden Prager Burg, zahlreiche Erzählungen des Bandes *„Ein Landarzt"* schrieb.

in beiden Fällen aber bleibt der „darüber" liegende Bereich dem Ankömmling verborgen. Faszinierend auch die Ähnlichkeit der „Introitus-Perspektive", in der zeitlebens zu verharren der „Mann vom Lande" verdammt ist. Dieses ewige „Nunc stans" bietet sich auch dem Betrachter des Bildes, der, bei einladend offenem Tor und im Begriff, seinen Fuß auf die erste Stufe zu setzen, dennoch auf den Platz *vor* dem Eingang gebannt bleibt. Und das Sonnenlicht, welches, scheinbar aus dem Zentrum hervorleuchtend, trotz mancher „Zwischenschatten" für den „Außenstehenden" sichtbar wird, erinnert an den „unverlöschlichen Glanz", welcher, dem noch immer Harrenden erst im Alter erkennbar, „aus der Türe des Gesetzes bricht" (E 132).

Auch die zweite Aufnahme aus dem Fürstenberg-Garten (a. a. O., S. 116) dokumentiert diesen (scheinbar) nicht begehbaren Weg hin zu den oberen Rängen, die auch auf diesem Bild in ihrer Ganzheit für den Betrachter nicht faßbar sind – schwer zu entscheiden, welchem der beiden Photos die Veranschaulichung der hierarchischen „Gesetzes"-Struktur besser gelingt.

Die Ansicht eines Innenhofes aus der Prager Altstadt wird gleichfalls manche Möglichkeiten einer Interpretation bieten. Die Schüler sollen lernen, „hinter die Fassaden" zu schauen, sie sollen die Wirklichkeit nicht (nur) als eine zufällige Ansammlung von Gegenständen begreifen, sondern erfahren, genau zu differenzieren zwischen Urbild und Abbild, Ding und Symbol, als Möglichkeit zur (nicht banalen) Wirklichkeit. Wer niemals gelernt hat, das So-Sein der Wirklichkeit zu hinterfragen und Reales auf seinen Chiffrecharakter hin zu prüfen, wird kaum einen Zugang zu Kafkas Dichtung finden. Wenn den Schülern geholfen wird, die unmittelbare Umgebung Kafkas ein wenig mit dessen kritischen, deutenden Augen zu sehen, die Gegebenes nicht ohne weiteres als Orientierungsraum akzeptierten, wird ihnen der Zugang zu Gregor Samsas Metamorphose mit Sicherheit leichter fallen.

Die Gebäudefassade jenes Altstadt-Innenhofes ist somit nicht nur ein museal anmutendes Bauwerk aus Gittern, Glas und Stein – durch die Kunst des Photographen wird für den, der bereit ist zu sehen, mehr offenbar. Die Wand scheint keinen Anfang und kein Ende zu haben, die Zahl der Stockwerke, immer höher wachsend, sich ins Unendliche fortzusetzen. Durch die Licht und Schatten geschickt verteilende Perspektive der Kamera entsteht schon zu Beginn der Eindruck einer starren, übermächtigen Düsternis, deren Leblosigkeit noch verstärkt wird durch die kalte Front aus Doppelfenstern, die mit ihren zahlreichen gitterähnlichen Fugungen das Eindringen nach innen, aber auch den Ausbruch von dort unmöglich machen. Der einzige „Lichtblick" ist eine – bedingt durch die Art der Sonneneinstrahlung – von rechts unten nach links oben sich verstärkende Helligkeitsdiagonale, die im weiteren Verlauf offensichtlich noch an Intensität zunimmt. Die Affinität zu den beiden zu besprechenden Erzählungen – für die *„Kaiserliche Botschaft"* bleibt die „Gegenrichtung" zu beachten! – ist deutlich, die entsprechende Übertragung auf den jeweiligen Erzählzusammenhang bringt keine Probleme.

Schließlich ist die Abbildung des Treppenhauses aus dem Palais Clam-Gallas hinsichtlich der bereits erarbeiteten Charakteristika „Anstiegsmetaphorik" und „Lichtsymbolik" hier heranzuziehen. Dieser künstlerisch und architekturgeschichtlich bedeutende Prager Palastbau fällt nicht nur durch die aufwendige Treppenstruktur, sondern auch durch die von Stockwerk zu Stockwerk zunehmende Pracht der Ausstattung besonders auf. Dieser Effekt des allmählichen Aufstiegs aus der dunklen Tiefe hin ins Lichtvoll-Obere wird durch das vorliegende Photo (a. a. O., S. 167) dem Betrachter vermittelt; eine Begrenzung der Stufenordnung ist auch hier nicht erkennbar.

29

Die drei folgenden Phasen sind dem Schwerpunkt der beiden Einführungsstunden, der Textdeutung, gewidmet. Die Gruppenarbeit (an welcher der Lehrer natürlich teilnimmt) wird sinnvollerweise mit arbeitsgleichen Aufgaben und paritätischer Textzuteilung erfolgen (Leitfragen für alle Gruppen: 1. Welche Motivbezüge lassen sich zwischen Bildern und Texten herstellen?; 2. Welche Mittel der Darstellung sind besonders auffällig?; 3. Wodurch entsteht der Eindruck des Angstvollen und Aussichtslosen?).

Wenn die Schüler, wie im vorigen dargestellt, inhaltlich stark für die beiden Texte motiviert wurden, wird die Analyse der Erzählungen nach strukturalistischen Gesichtspunkten nicht mehr schwerfallen. Das Problem der bildlichen Entschlüsselung ist damit natürlich noch nicht gelöst. Eine in jeder Hinsicht verbindliche Deutung, gar für „Die Verwandlung", sollte vom Lehrer im übrigen während der ganzen Unterrichtseinheit auch gar nicht angestrebt werden – die zahlreichen Divergenzen innerhalb der Kafka-Forschung werden ihn davor warnen. Andererseits braucht der Lehrer, gerade unter didaktischen Aspekten, in der hermeneutischen Nichtfestlegbarkeit durchaus keinen Nachteil zu erkennen. Die Phantasie der Schüler würde kaum sonderlich angeregt werden, wenn sie jede gleichnishafte Aussage nach einem bestimmten Raster ohne Mühe dekodieren könnten.

Der hier zu bewältigende Lernschritt verlangt vom Lehrer in besonderem Maße interpretatorisches Geschick und didaktisches Feingefühl zugleich. Einerseits darf er die Ebene der gegenständlichen Deutung nicht allzufrüh verlassen – er muß sie vielleicht sogar als eine grundsätzliche Möglichkeit der Texterarbeitung anerkennen –, zum andern sollte er, um eine vorschnelle, rein analogistische und darum falsche Form der Analyse zu vermeiden, dafür sorgen, daß der Bereich des Irreal-Grotesken, des nicht mehr komparatistisch Auflösbaren, den Schülern bald ins

Bewußtsein rückt. Mit anderen Worten: Für den Lehrer besteht die Schwierigkeit darin, die metaphorische Abstraktionsfähigkeit seiner Schüler, die auf die lineare Dekodierung der Symbol-Begriff-Skala fixiert ist, mit der Tatsache zu konfrontieren, daß eine gleichnishaft orientierte, auf die Konsequenz des bildlichen Ausdrucks bauende Deutung bei Kafka scheitern muß. Die Form des Bildbruchs, die alogische Metaphorik ist nicht die Ausnahme, sondern die Regel, das Traumhafte, das Groteske oftmals das alleinige Prinzip der Darstellung. Der Lehrer muß sich in ausreichendem Maße in die Kafka-Literatur einlesen, um mit dieser Sachlage vertraut zu werden.

Die Auswertung der Gruppenarbeit (Phase 4) kann in Form eines Rundgespräches geschehen. Hier sagt der Lehrer am wenigsten. Wortführend sind die zuvor bestimmten Gesprächsleiter der einzelnen Gruppen, die aber nun nicht der Reihe nach die Ergebnisse referieren – das wäre einfallslos und langweilig –, sondern, unbeschadet der Notwendigkeit ihrer Berichterstattung, die Resultate bzw. die einzelnen Arbeitsschritte in didaktischer Form zur Diskussion stellen (Fragen an das Plenum), so daß jeder Schüler mit den stofflichen Problemen konfrontiert wird und möglichst viele sich am Gespräch beteiligen können (diese Form soll bei der Auswertung der Gruppenarbeit grundsätzlich beibehalten werden). Auch der hier zu fertigende Tafelanschrieb kann, wenigstens was die linke und die mittlere Spalte anbetrifft, von einem guten Schüler vorgenommen werden. Denn noch geht es nicht um Deutung, sondern um registrierende Reihung. Allerdings ist darauf zu achten, daß, wie im Stundenblatt vorgegeben, sowohl die Rangordnung von Adressenten bzw. Adressaten und damit die unterschiedlichen „Verlaufsrichtungen" optisch klar markiert als auch der Moment der räumlich-zeitlichen Entgrenzung, d.h. der Übertritt vom noch gleichnishaft Deutbaren ins Traumhaft-Groteske, in paralleler Setzung deutlich erkennbar werden. Darüber hinaus steht es dem Lehrer frei, den (konkreten) Bezug zur (Prager) Realität noch besonders hervorzuheben.

Man hat festgestellt, daß ein großer Teil der schockierenden Wirkung bei Kafka aus der Verbindung einer extremen Genauigkeit der Schilderung mit einer extremen Abseitigkeit des Geschilderten hervorgeht (man erinnere sich hier nur an den unratüberzogenen Apfel, der im Rücken des Käfers steckt).

Auch für die beiden vorliegenden Erzählungen trifft diese Beobachtung in gewissem Maße zu, wenngleich hier das Motiv des Ekels ausgespart bleibt. Die detaillierte Schilderung der Nachrichtenübermittlung und das Bild des unaufhörlich durch die Menge rudernden Boten übersteigen zwar nicht die Vorstellungskraft, aber doch die Sinnfälligkeit eines konkreten Geschehens. Gesprengt wird jene allerdings durch die Fiktion eines Hilfeersuchens, das der „Mann vom Lande" an die Flöhe im Pelzkragen des Türhüters richtet. Solche akribisch-absurden Einzelmomente unterstreichen indes den verzerrten Realitätscharakter des Gesamtgeschehens, der durch die Aufhebung der Grenzen von Raum und Zeit und, sprachlich, durch den Konjunktiv (vgl. E 138 f.) – eine Hypothese in der Hypothese – unmißverständlich betont wird. Daß in der Erzählung „Vor dem Gesetz" das Kausalitätsprinzip durchbrochen wird, ist schon nach dem ersten Lesen deutlich geworden – direkte diesbezügliche Fragen nach der inneren Logik der Vorgänge dürften kaum zu beantworten sein.

Gleichwohl bleibt die Möglichkeit eines interpretatorischen Fazits. In der dafür vorgesehenen rechten Spalte des Tafelanschriebs können sicherlich auch andere, sinnverwandte Begriffe eingesetzt werden, so daß – obwohl nicht jede Einzelheit rational lösbar erscheint – insgesamt doch eine zutreffende Deutung erzielt werden kann.

Die abermalige Vorführung der Treppen im Fürstenberg-Garten (Phase 5) hat vor allem den Zweck, den Moment der Grenzüberschreitung bei Kafka (aus dem Real-Vorstellbaren ins Irreal-Groteske) noch einmal imaginativ zu vergegenwärtigen. Dazu passend, skizziert der Lehrer die historischen Vorbilder der „Türhüter" („Wer Kafka und seine Umwelt kannte, weiß noch, daß sein Türhüter … eine direkte Spiegelung der schwerbemantelten zweispitzgekrönten, bärtigen und grimm dreinblickenden Portiers ist, die mit goldbeknauften Stäben die mächtigen Tore der Prager Adelspaläste bewachten und die Knaben auch nicht einmal von der Seite ins Innere blicken ließen, von wo ein unverlöschlicher höherer Glanz hervorzudringen schien" [J. Urzidil, „Da geht Kafka". München 1966, S. 18]).

Noch aber werden die Schüler glauben, sie könnten die Aussagen Kafkas allein mit logisch-rationalen Mitteln fixieren. Damit die Distanz zur Vorstellungswelt der „Verwandlung" geringer werde, ist es angebracht, noch einige weitere Erzählungen heranzuziehen – es genügen solche von geringem Umfang –, bei denen die Verstehensschwierigkeiten größer sind. Die von uns ausgewählten Erzählungen „Gibs auf!" (E 358), „Der Aufbruch" (E 321) und „Kleine Fabel" (E 320) haben den Vorteil der Kürze wie der gehaltlichen Prägnanz, natürlich können auch andere verwendet werden.

Nach der Lektüre der dreiunddreißig Zeilen (Phase 6) sollen die Schüler, mit kafkaesken Denkmodellen inzwischen ein wenig vertraut, durchaus eigene Deutungen wagen. Es wird nicht allzu schwer fallen, das allen fünf Erzählungen gemeinsame und für Kafka charakteristische Motiv – „das unerreichbare Ziel", „der verfehlte Weg" o. ä. – zu finden und dabei als Leitgedanken die Unsicherheit, die verhängnisvolle Orientierungslosigkeit, die fatalistische Ausweglosigkeit herauszuarbeiten (Phase 7). Grundsätzlich sollte der Lehrer auch hier darauf bedacht sein, ein Diskutieren über Probleme der logischen

31

Stringenz bestimmter Passagen nicht ins uferlose gehen zu lassen, sondern an dem festzuhalten, was sich bei Kafka, mit einer gewissen Sicherheit, an Verbindlichem erkennen läßt.

Die letztmögliche Steigerung – von der Verfremdung des Seins und seiner Deutung bis hin zur Entfremdung vom eigenen Selbst und Selbst-Verständnis – wird in der „Verwandlung" vollzogen. Der Lehrer stellt ihre Lektüre – und zwar als Ganzes – zur Aufgabe (dies ist zumutbar, wenn das Lesen nicht bis zum nächstfolgenden Tag geschehen soll), ein Referat über die biographischen Hintergründe – es sollte nicht zu knapp angelegt sein – wird angeboten (Hinweis auf die Kafka-Monographie von K. Wagenbach [rm 91] sowie auf Binders „Kafka-Handbuch" und „Kafka-Kommentar").

3. Stunde:
Sammeln erster Erzähleindrücke aus der „Verwandlung" / Probleme einer bildlichen Darstellung der Käfergestalt / Abgrenzung zu anderen „Tiergeschichten"

Die Schüler haben den Text gelesen, viele sind schockiert. Es ist recht nützlich, in Form eines Brainstormings (Phase 1) eine möglichst große Zahl spontaner Meinungsäußerungen zu hören und diese – oder die wichtigsten, extremen – sodann schriftlich zu fixieren (Hefteintrag). Denn zum einen kann ein unmittelbar geäußertes, wenig reflektiertes Urteil die wahre (wenn auch u. U. vorläufige) Empfindung am besten zum Ausdruck bringen, zum andern dient diese Methode hier – im negativen Ausgangsfall wird dies hoffentlich bei vielen Schülern zutreffen – dem Zweck einer späteren Korrektur. So wird sich derjenige Schüler, der, zu einer ersten spontanen Beurteilung aufgerufen, die Erzählung

als „Blödsinn" abgetan hat, nach erfolgter eingehender Interpretation zu einem späteren Zeitpunkt vermutlich eines Besseren besinnen. Der Hefteintrag erfolgt hier also nicht im Sinn einer Ergebnisfixierung, sondern ausschließlich aus komparatistischen Gründen.

Der nun folgende Hauptteil der Stunde (Phase 2) beschäftigt sich mit dem Problem einer Abbildbarkeit der Käfergestalt bzw. der Wirkung, die ihre künstlerische Figuration hervorzurufen vermag. Zwei Darstellungen (nach Belieben auch mehr) aus dem sehr zu empfehlenden Bildband von W. Rothe* sollen hier herangezogen werden (Projektion). Sicher wird Yosl Bergners naturalistisch-figurative Abbildung eines überlebensgroßen Käfermonstrums bei den Kursteilnehmern einiges Entsetzen hervorrufen, während die Titelzeichnung zur Ausgabe des Kurt Wolff Verlages von 1916 vergleichsweise harmlos wirkt. Der Grund liegt darin, daß hier nicht ein fleischgewordenes Ekel-Symbol sichtbar gemacht, sondern „nur" die Reaktion eines Mannes – also wohl des Vaters – auf den Anblick seines zum Tier gewordenen Sohnes szenisch dargestellt wird. Der Lehrer sollte bei der Diskussion der Frage, welches der beiden Bilder der Problematik der Erzählung am nächsten komme, nicht nur von vornherein jede Form der Sensationsgier zurückweisen, sondern grundsätzlich auch alle Arten von „Schutzmaßnahmen" – die hier nichts anderes sind als Medien der Distanzierung – als ein inadäquates Deutungskorrelat in Abrede stellen*. Der Autor verlangt eben vom Leser, daß er für eine bestimmte Zeit die „Perspektive" des Käfers einnimmt und dessen minuziös ge-

---

* „Kafka in der Kunst", Stuttgart und München (1979), Nr. 36 und Nr. 1

* Grundsätzliche Gattungsfragen lassen sich hier im Sinne einer Hilfskonstruktion ansatzweise diskutieren, etwa: Inwieweit kann man tiefe Trauer verbalisieren?; oder: Beschreiben Sie einen intensiven Zahnschmerz!

schilderte Seelenregungen unmittelbar nach-
erlebt – die rettende Flucht in die empirische
Wirklichkeit bleibt ihm (später!) immer
noch. Die Aufgabe der sicheren Distanz des
Lesers zum Gelesenen – soweit dies möglich
ist – ist für die Lektüre von Kafkatexten ge-
nerell ein wichtiges Postulat, will man die
Fragwürdigkeit, ja Absurdität der menschlichen Existenz, so wie Kafka sie empfand, in
ihrer vollen bedrohenden Unmittelbarkeit
nacherleben. Weiterhin kann eine Abbildung
der Käfergestalt, sie mag noch so grauener-
regend sein, nur das Schreckliche der Form
offenbaren, seelische Prozesse – die Entwicklung Gregor Samsas innerhalb der Erzählung ist ja von besonderer Bedeutung –
vermag sie nicht zu vermitteln. Und schließlich sollte die grundsätzliche Frage gestellt
werden, ob eine objektive bildliche Darstellung des schlechthin Furchtbaren als Aus-
drucksform menschlicher Nicht-Existenz
überhaupt möglich ist.
Der Lehrer wird darauf hinweisen – als
Überleitung zu Phase 3 –, daß es in diesem
Zusammenhang nicht um die Analyse kunst-
theoretischer Probleme geht, sondern um das
Gefühl eines existentiellen Betroffenseins,
ohne das diese Erzählung einfach nicht nach-
erlebt werden kann. Vor allem gilt es aber
auch, die Mitteilungen des Autors zu seinem
Werk für eine Deutung des Textes – hier bezüglich der Frage der Abbildbarkeit der Kä-
ferfigur – heranzuziehen *(Phase 3)*. Kafka
selber hat sich entschieden gegen eine zeich-
nerische Darstellung der Käfergestalt ge-
wandt. Als ihm im Jahr 1915 von seinem
Verleger Kurt Wolff die von Ottomar Starke
entworfene Titelseite vorgelegt wurde, war
seine Reaktion eindeutig: „Das nicht, bitte
das nicht! Das Insekt selbst kann nicht ge-
zeichnet werden. Es kann aber nicht einmal
von der Ferne aus gezeigt werden." (Brief
Kafkas an Kurt Wolff vom 25. Oktober
1915) In diesem Schreiben gibt er aber dann
auch Anregungen zu bildlichen Darstellungen anderer Art: „Wenn ich für eine Illustra-

tion selbst Vorschläge machen dürfte, würde
ich Szenen wählen, wie: die Eltern und der
Prokurist vor der geschlossenen Tür oder
noch besser die Eltern und die Schwester im
beleuchteten Zimmer, während die Tür zum
ganz finstern Nebenzimmer offensteht."
Am besten liest der Lehrer diese Passagen
vor, er kann sie erläutern durch den Hinweis,
daß nichts besser die abgrundtiefe Welt
menschlicher Not-Existenz abzubilden vermag als die völlige Dunkelheit, von der Kafka
hier spricht. Auch das dreifach auftauchende
verneinende Praefix „un-" aus dem ersten
Satz der Erzählung („Als Gregor Samsa eines Morgens aus *un*ruhigen Träumen er-
wachte, fand er sich in seinem Bett zu einem
*un*geheueren *Un*geziefer verwandelt." E 56)
verleiht dieser von vornherein gleichsam den
Charakter einer absoluten ontologischen
Negation.
Dem Lehrer steht es natürlich frei, die Meinung Kafkas zu kritisieren und damit die
Frage aufzuwerfen, ob das Grauen in seiner
konkreten Gestalt nicht spürbarer werde als
durch die Form der intellektuellen Abstrak-
tion. Aus didaktischen Gründen ist es gewiß
sinnvoll, künstlerische Abbildungen der Käfergestalt zu zeigen. Die Erzählung spricht
eben beide Bereiche an, das Gefühl und den
Intellekt. Der Prozeß der Verarbeitung aber
liegt – zumindest primär – eindeutig im Auf-
gabenbereich des letzteren.
Hinsichtlich der „Exklusivität" der Erzählungen schließen die beiden folgenden Phasen 4 und 5 unmittelbar an das Vorherge-
hende an. So wie die Tiergestalt vom Wesen
der Erzählung her nicht abbildbar ist, so ergeben sich auch zwischen der *„Verwandlung"* und anderen „Tiergeschichten" keine
essentiellen Übereinstimmungen (die Gat-
tung der Fabel bleibt hier ohnehin außer Betracht). Dies soll in *Phase 4* diskutiert werden. Geschichten, in denen ein Mensch in ein
Tier verwandelt wird, kennen die Schüler zur
Genüge. In erster Linie ist hier an das Mär-
chen zu denken („Froschkönig", „Schnee-

weißchen und Rosenrot", „Brüderchen und Schwesterchen" etc.), doch läßt sich auch auf Literarisches verweisen: In Homers „Odyssee" wird berichtet, wie die Gefährten des Odysseus von der Zauberin Kirke in Schweine verwandelt werden. Aufmerksam machen kann der Lehrer hier zum Beispiel auf die gattungsbedingten Differenzen zwischen Volksgut und Literatur, und er wird vorausweisen auf die unterschiedlichen Deutungsformen, die für Kafka angewendet werden können. Die Schüler selber sehen sicher, daß in der „Verwandlung" jede konkrete Ursache für die vollzogene Metamorphose fehlt, wie sie etwa in der Gestalt der Kirke, des bösen Zauberers usw. sichtbar wird. Die Frage nach dem „Warum" wird nicht gestellt und, logischerweise, auch nicht beantwortet.

 Die wichtigsten Ergebnisse werden festgehalten und im Tafelanschrieb fixiert (Phase 5). Wichtig ist, daß von der Wesensidentität zwischen Gregor und dem Käfer nicht abgerückt wird: Gregor ist nicht ein Mensch, der, durch irgendeine „Einwirkung von außen" (davon steht in der ganzen Erzählung nichts), in ein Tier verwandelt worden wäre, er ist und bleibt von Anfang bis Ende – das ist ja gerade das Erschreckende – wesensgleich mit dem Handlungsreisenden Samsa. Gegen den illusionären Eindruck einer Verzauberung spricht auch das Fehlen aller sonstigen Märchenrequisiten: Außerhalb Gregors bleibt die empirische Realität gewahrt. Das tröstende Warten auf ein segensreiches Ende (aus dem Frosch wird wieder der Prinz usw.) ist hier sinnlos. Es gibt keine alles beherrschende Macht des Guten, vor der das Böse zurückweichen muß, überhaupt läßt sich mit solchen moralischen Kategorien „Die Verwandlung" nicht begreifen. Transzendenz wird bei Kafka stets nur als eine drohendvernichtende, anonym bleibende Instanz spürbar. Die Möglichkeit einer Erlösung ist nicht gegeben, am Schluß wird „das Zeug von nebenan weggeschafft" (E 99).

Beim Stellen der Hausaufgabe (gründliches Durcharbeiten des ersten Teils: E 56–70) erläutert der Lehrer, daß es nicht um ein einfaches nochmaliges Lesen geht, sondern daß hier wichtige Leitgedanken des Textes mit ihren zahlreichen Vorausdeutungen und Rückverweisen im Sinn einer vorläufigen, aus intensivem Nachforschen gewonnenen Ergebnisfixierung festgehalten werden sollen (Textanmerkungen, Hefteinträge; das gleiche Arbeitsprinzip gilt dann für das häusliche Erschließen der beiden nächstfolgenden Teile). Schwerpunkte der Hausaufgabe sollten sein: a) eine Untersuchung der allgemeinen Familiensituation; b) ein Beobachten von Gregors Reaktionen auf seine veränderte Physis; c) eine Analyse des Verhältnisses zwischen Gregor und seinen Eltern.

4. Stunde:
Der Prozeß der animalischen Bewußtwerdung und die Reaktion der Umwelt /
Die Lage von Gregors Zimmer

Methodische Vorüberlegungen

Man kann „Die Verwandlung" nur mit dem ständigen unmittelbaren Bezug zum Biographischen sinnvoll deuten (vgl. Stunde Nr. 6 ff.). Nun ist zum einen die textimmanente Gedankenstruktur so differenziert, daß eine exakte Zergliederung nötig ist, zum andern sind die hier relevanten Ereignisse in Kafkas Leben ihrerseits wiederum so komplex – man denke nur an das Verhältnis zu seinem Vater oder an die Ursachen seiner Selbstmordpläne –, daß sie einer ausführlichen Besprechung bedürfen. Auch darf der Zusammenhang zwischen der epischen und der empirischen Realität nicht im Sinne eines strikt einzuhaltenden, weil angeblich stets schlüssigen Analogieschemas gesehen werden: Kafka *ist* nicht Samsa, wie der Schriftsteller selber betonte. Und schließlich ist es bei der „Verwandlung" mit einer bloßen Analyse des epischen Kontextes nicht getan. Der Wunsch nach einer Aufhellung der chiffrierten Erzählwelt, die Forderung einer „Deutung" steht von Beginn an „im Raum".

Bekanntlich wird in der Schule ein Lesestück zumeist im Sinn der epischen Chronologie durchgesprochen. Doch wäre es vermessen, wollte man jene drei Komponenten im Unterricht synchron zur Sprache bringen. So etwas kann allenfalls eine gründlich gearbeitete wissenschaftliche Abhandlung leisten, die auf Methodisches und Didaktisches keine Rücksicht zu nehmen braucht. Und auch dort wird zumeist, einfach um der jeweils notwendigen Detailarbeit willen, zwischen den verschiedenen Ebenen getrennt.

Eine Verbindung der episch-chronologischen mit der diachronen Methode ist für den Unterricht angezeigt. Diachron muß der Lehrer vorgehen, indem er, um es einfach auszudrücken, zuerst „sammelt" bzw. sammeln läßt (werkimmanente Analyse), sodann den Bezug zur empirischen Realität herstellt (Bedeutung des Biographischen) und schließlich versucht, soweit dies möglich ist, den bzw. die Texte nach systematisch-begifflichen Schwerpunkten hin zu besprechen. Für den ersten Arbeitsprozeß bietet die Dreigliedrigkeit der Erzählung ein geeignetes methodisches Strukturschema.

Wir meinen nicht, daß der Lehrer die Geschichte dreimal behandeln soll. Die Erläuterung der biographischen Zusammenhänge bildet gleichsam die Mitte der Interpretation (die Lektüre des „Briefes an den Vater" ist verbindlich [vgl. Stunde Nr. 8/9]; der Lehrer hat früh ein Referat über Kafkas Leben zur Aufgabe gestellt [Stunde Nr. 1/2]). In Kenntnis von Kafkas Lebensumständen werden – im Rahmen der „Deutung" – die zuvor gesammelten Einzelbeobachtungen in die Gesamtauslegung integriert, wobei dann

natürlich nicht mehr chronologisch verfahren wird. Das „Längsschnittverfahren" wird also durch ein „Querschnittverfahren" abgelöst, indem vom „übergeordneten Standpunkt" des jeweiligen Interpretationsansatzes her Einzelelemente aus dem Erzählganzen herausgegriffen und in den jeweiligen hermeneutischen Kontext eingefügt werden. Dazu sind aber Detailkenntnisse unbedingt erforderlich.

In den nächsten Stunden geht es also vornehmlich um die präzise Erläuterung des Erzählganzen. Dabei wird vor allem Gregors Verhältnis zu den einzelnen Gliedern der Familie zu klären sein (der Lehrer sollte im Falle sich wiederholender Aufgabenstellungen, etwa der Analyse des Vater/Sohn-Konflikts, unterschiedliche Gruppenbesetzungen vornehmen). Die im ganzen gewonnenen Ergebnisse dienen auch für die spätere biographisch orientierte Deutung – bei vielem wird sich eine erstaunliche Parallelität aufzeigen lassen. Für die jeweilige Phase der Gruppenarbeit sollte der Lehrer etwa die Hälfte der Unterrichtszeit zur Verfügung stellen. Jeder Teil der Erzählung wird, in zeitlicher Staffelung, unter den jeweils angegebenen Leitgesichtspunkten zur nochmaligen intensiven häuslichen Lektüre aufgegeben, so daß im Unterricht nach Möglichkeit schon größere szenische Abfolgen berücksichtigt werden können und nicht erst jeder Beleg mühsam herausgesucht werden muß. Unter diesen Voraussetzungen ist eine zweimalige, gut zwanzigminütige, konzentrierte Gruppenarbeit am Text ausreichend (diese Methode kann natürlich auch für die Erarbeitung des Schlußteils der Erzählung angewandt werden [s. Stundenblatt Nr. 5A, Phase 1]).

Unterrichtsverlauf

Die Gruppenarbeit der vierten Stunde *(Phase 1)* schließt an die Themenstellung der Hausaufgabe (s. voriges Stundenblatt) an.

Das bietet verschiedene Vorteile: Zum einen ergibt sich für den Lehrer die Gelegenheit zu einer gewissen Ergebniskontrolle, zum andern läßt sich über Unklarheiten, die zu Hause während der Vorbereitung aufgetreten sein können, im kleinen Kreis diskutieren, schließlich können etwaige häusliche „Null-Leistungen" auf diese Weise ausgeglichen werden. Als Leitfragen sind denkbar: Skizzieren Sie die Reaktionen Gregors auf die veränderten Realitätsverhältnisse! (Gruppe 1); Beschreiben Sie im Detail das Verhalten der einzelnen Familienmitglieder an diesem Morgen! (Gruppe 2); Charakterisieren Sie Gregors Verhältnis zu seinem Beruf und zu seinen Vorgesetzten! (Gruppe 3)

Gruppe 1: Gregors Reaktion auf die Veränderung seines physischen Zustandes vollzieht sich in der Folge des Staunens, des Verdrängens und des allmählichen Annehmens. Seine anfängliche Verwunderung („Was ist mit mir geschehen?" E 56) weicht bald verschiedenen, immer verkrampfter wirkenden Versuchen der rationalen Erklärung. Seine veränderte Gestalt – bzw. die Wahrnehmung derselben – führt er zurück auf eine Irritation seines Bewußtseins, welche durchaus erklärbare Ursachen haben müsse. Schuld sei der „anstrengende Beruf" (E 56) mit all seinen unangenehmen Begleiterscheinungen oder das „frühzeitige Aufstehen", das einen „ganz blödsinnig" mache (E 57), schließlich auch der Umstand, daß er sich nun schon sehr lange im Bett aufhalte, wo er „mit dem Nachdenken zu keinem vernünftigen Ende kommen" werde (E 59). Auch die Veränderung der Stimme müsse einen natürlichen Grund haben: Gregor zweifelt „nicht im geringsten" daran, daß sie den Beginn einer „tüchtigen Verkühlung" bedeutet (E 59).
Nun häufen sich allerdings die Erfahrungen, die Gregor mit seinem unbekannten Körper machen muß. Die Versuche, das Neue rational zu bewältigen, gehen infolgedessen zurück, ohne daß damit allerdings ein Akzep-

tieren des Käferdaseins verbunden wäre. Gleichwohl muß, geht man von der epischen Realität aus, der Prozeß der Bewußtwerdung bei Gregor zu immer konkreteren Schlüssen hinsichtlich der Glaubwürdigkeit bzw. Tatsächlichkeit seiner Verwandlung geführt haben. Was ihm noch fehlt, ist die Bestätigung durch die Umwelt, und je mehr diese an dem „ordnungsgemäßen Zustand" dessen, was sich hinter der verschlossenen Tür seines Zimmers verbirgt, zweifelt, desto „ruhiger" wird er selber (das Problem von Kafkas Identitätsfindung in ihrer Abhängigkeit von der Meinung des Vaters bzw. der Familie wird uns später beschäftigen). Gregor merkt an der Reaktion von außen, daß mit ihm etwas nicht in Ordnung ist. Das gibt ihm offensichtlich das Gefühl, daß auch er sich in dieser Rolle des Unnormalen zu akzeptieren habe und, daraus folgend, die Ruhe und Gelassenheit (vgl. E 64, 66), die – die Tür ist inzwischen geöffnet, alle können ihn sehen –, „zum erstenmal an diesem Morgen", sogar ein „körperliches Wohlbehagen" zu erzeugen vermag (E 68).

Gruppe 2: Bei der Bearbeitung der hier vorgesehenen Aufgabe sollte der Lehrer dafür Sorge tragen, daß nicht eine unverbindliche, oberflächliche Personencharakteristik entsteht und das Bild der Familie Samsa, welches schon hier, im ersten Teil, mit wenigen Strichen klar umrissen wird, nicht durch voreilig deutende oder wertende Kommentare verzerrt wird. Die Familie bildet für Gregor den unmittelbaren Bezugsraum, hier ergeben sich die deutlichsten „Parallelen" zu Kafkas persönlicher Situation, und hier liegt auch der entscheidende Interpretationsansatz. Mehrfach kommen die Unterschiede in den Verhaltensweisen von Vater, Mutter und Schwester unmittelbar zur Sprache – von der Kunst der literarischen Nuancierung können die Schüler in diesem Text manches erfahren. Schon in der ersten Szene, in der diese drei Familienglieder – gleichsam als eine geschlossene Einheit gegenüber dem isolierten Gregor – auftreten (E 58), zeigt sich ihr verschiedenartiges Verhalten und damit ihre unterschiedliche Wesensart. Während die Mutter „vorsichtig" an die Tür klopft und behutsam bei Gregor anfragt, pocht der Vater schon mit der Faust. Sein Rufen ist dringlicher, „mahnend", und wird wiederholt. Die Stimme der Mutter erscheint als ein zartes Neutrum („,Gregor,' rief es – es war die Mutter ..." E 58) – der Baß des Vaters dominiert eindeutig: „,Gregor, Gregor,' rief er ..." (E 58). Die Ungeduld und die stärkere stimmliche Intonation beim zweiten Anruf des Vaters (E 58 unten) macht das zweimalige Ausrufungszeichen deutlich, welches an die Stelle der Kommata getreten ist. Die Reaktion der Schwester ist zwar, von der Lautstärke her gesehen, die schwächste, ihre Worte aber – und nur ihre – zeugen von Teilnahme, von Sorge und Hilfsbereitschaft, ja von einer wissenden Vertrautheit („,Gregor, ... ich beschwöre dich.'" E 58). Die hier bereits festgelegten Verhaltensmuster gegenüber Gregor werden zwar im folgenden noch ausgeweitet und verstärkt, sie bleiben aber bis zum Schluß in ihrer Art unverändert.

Ohne große Mühe lassen sich auf den nächsten Seiten die jeweiligen Charaktermerkmale bestätigen und ergänzen. Die Mutter, gutmütig, doch weinerlich und hilflos (vgl. E 64, 65 f.), zeigt sich dem schrecklichen Neuen am wenigsten gewachsen (E 66, 68). Die Schwester, selber leicht aus der Fassung zu bringen (E 62), ist nach wie vor die einzige, die den verlassenen Gregor unterstützt (E 61) bzw. die ihm, wäre sie an seiner Seite, auch in der größten Not helfen könnte (E 67 f.). Die Hilflosigkeit von Mutter und Tochter wird indes nur allzu offenbar vor der immer mächtiger in Erscheinung tretenden Gestalt des Vaters (die Steigerung muß herausgearbeitet werden), der, trotz aller Ungeduld (E 62), angesichts der allgemeinen Ratlosigkeit als einziger die Übersicht behält („,Anna! Anna!' rief der Vater durch das Vorzimmer in die Küche und klatschte in die Hände, ,sofort einen Schlosser holen!'" E 64; der Ton und die Syntax sprechen für sich) und schließlich, ob des Anblicks seines zum Käfer gewordenen Sohnes zwar selber auf das heftigste erschüttert, gleichwohl als erste Reaktion den Feind herauskehrt (E 66), als welcher er dann, zum übermächtigen, lebensbedrohenden Ungetüm emporgewachsen, die Szene schließt, indem er Gregor ins Zimmer zurücktreibt (E 68 ff.).

In diesem Stadium der Textbesprechung soll noch nicht auf den Kaufmann Hermann Kafka, noch nicht auf Sigmund Freud und auch nicht auf den jüdischen Jahwe-Glauben Bezug genommen werden. Wichtig ist zunächst die Beschreibung des Vaters, der schon hier ins Ungegenständlich-Apokalyptische enthoben zu sein scheint (Frage an die Arbeitsgruppe nach den Belegstellen [vgl. z.B.: „Füßestampfen ... Kein Bitten Gregors half ... Unerbittlich drängte der Vater und stieß Zischlaute aus, wie ein Wilder ... (Gregor) fürchtete sich ... jeden Augenblick drohte ihm doch von dem Stock in des Vaters Hand der tödliche Schlag ... dieses unerträgliche Zischen des Vaters ... Gregor verlor darüber ganz den Kopf ... es klang schon hinter Gregor gar nicht mehr wie die Stimme bloß eines einzigen Vaters ... ganz wundgerieben ... heftig blutend"]). Gregors Vater gebietet – wie dies auch später noch deutlich wird – über Leben und Tod des Sohnes, sein Zischen erinnert an ein Drachenungeheuer, und die singuläre Erscheinung eines einzelnen Vaters scheint sich zu einem dröhnenden Vater-Inferno potenziert zu haben. Auch ist der Vater die Ursache für den physischen Schmerz.

Gruppe 3: Die Arbeit der dritten Gruppe dient vor allem dem Zweck, ein Zentralthema bei Kafka, das Ausgeliefertsein des einzelnen an eine übermächtige Instanz, an dem Beispiel von Gregors Verhältnis zu seinem Beruf und zu seinen Vorgesetzten zu demonstrieren. Der Lehrer schafft den Einstieg für die Gruppe am besten, indem er an die eingangs behandelten Erzählungen erinnert und hier zunächst einmal vergleichbare Belege für ein hierarchisches Unterdrückungsprinzip sammeln läßt.

Durch eine Geldschuld seiner Eltern, die er abarbeiten muß, ist Gregor verpflichtet, bei seinem ungeliebten Beruf, in der ungeliebten Firma, zu verbleiben (E 57). Die Tätigkeit in diesem Beruf, die einer „Verurteilung" gleichkommt (E 61), ist von einer zwanghaften Reglementierung beherrscht. Die groteske Überlegenheit des „Chefs" (E 57) manifestiert sich in dem unnachsichtigen Eindringen des „Herrn Prokuristen" in Gregors Privatsphäre und in dem angedeuteten, mit Sicherheit ungerechtfertigten Vorwurf der Geldunterschlagung (E 63). Der Lehrer lasse die Suada des Prokuristen (E 62f.) im einzelnen auf ihre verbale Überzogenheit hin untersuchen! Nun liegt ein großer Teil der Wirkung von Kafkas Schriften bekanntlich in der Unverhältnismäßigkeit der Reaktion „von oben" auf ein reales – ja zumeist nur vorgebliches – „Vergehen" der Hauptfigur, man denke nur an die Erzählungen *„Der Schlag ans Hoftor"* (E 299f., vgl. Stunde Nr. 12–14), *„In der Strafkolonie"* (E 100ff.) oder an den Roman *„Der Prozeß"*. Die groteske Disproportion von (fiktiver) Schuld und Strafe – Gregor empfindet die Übereiltheit des Prokuristen, das Prinzip der Firma, „bei der kleinsten Versäumnis gleich den größten Verdacht [zu fassen]" (E 61), mit seinem „gesunden Menschenverstand" ganz richtig, dieses Vorgehen wird ihm aber erst *nach* seiner Verwandlung recht bewußt – kann bei Kafka durch absurde, irreale, minuziös beschriebene Einzelheiten noch verstärkt werden (man erinnere sich z.B. an die Läuse im Bart des Türhüters). In diesem Zusammenhang wird man hier etwa an den ausführlich geschilderten Versuch Gregors denken können, den Schlüssel seiner Zimmertür herumzudrehen (E 65) – das Medium des

Ekels wird, wie auch später (E 69 u.ö.), bewußt eingesetzt – oder auch an die souveränen, „wohlgesetzten" Worte der Verteidigung, die der Käfer dem Prokuristen mitzuteilen sucht (E 66f.). Diese un-sinnige Form der Apologie offenbart in ihrer grotesken Zuspitzung die Abhängigkeit, die Passivität Gregors, die Situation seines „Leidens" aufgrund einer nicht begangenen „Schuld" (darüber später mehr).

Die Ergebnisse der Gruppenarbeit werden in einem Klassengespräch dem Plenum vermittelt *(Phase 2),* wobei weniger ein chronologisches Referieren als eine lebendige Diskussion angestrebt werden sollte. Alle Schüler können angesprochen werden, wenn die einzelnen Gruppenleiter die Resultate zu den jeweiligen Arbeitsaufgaben in detaillierter Form vom Plenum erfragen.

Der Lehrer kann, inhaltlich-methodisch, die gegenwärtige Arbeit am Text intensivieren, indem er am Beispiel der knapp einseitigen Erzählung *„Auf der Galerie"* (E 129) in Form eines *Exkurses* den Schülern Kafkas subtile Sprachkunst und damit gleichzeitig die Notwendigkeit einer akribischen Textbetrachtung deutlich macht (für die vorliegende Sequenz sollten dann zwei Stunden angesetzt werden). Da die sprachliche Beobachtung hier im Vordergrund stehen soll, wird der Lehrer auf eine ausführliche Besprechung inhaltlicher Einzelheiten verzichten können. Er wird dagegen mit besonderer Sorgfalt den strukturellen und syntaktischen Aufbau, den Wortgebrauch (Adjektive, Partizipien usw.), die Darstellung der Personen, die verschiedenen Wirklichkeitsebenen und vor allem die wechselseitige Abhängigkeit dieser Faktoren voneinander erarbeiten lassen*.

---

* Vgl. dazu im einzelnen U. Stamer, *„Sprachstruktur und Wirklichkeit in Kafkas Erzählung ‚Auf der Galerie' "*. In: *„Festschrift Halbach"*. Göppingen 1972, S. 427–452

Damit sich die Räumlichkeiten der Samsaschen Wohnung – und damit nicht zuletzt der beengende Zustand von Gregors Eingeschlossensein (der ja auch *vor* der Verwandlung bestand, was wiederum auf die Kontinuität der Gegebenheiten hindeutet) – besser einprägen, empfiehlt es sich, eine (denkbare) Planskizze der Zimmerverteilung zu fertigen oder (teilweise) von Schülern fertigen zu lassen (vgl. Tafelbild; Hefteintrag); sie hilft auch zum Verständnis einiger später erwähnter räumlicher Details. Wird der Exkurs durchgeführt, geschieht dies am besten während des Klassengesprächs in Phase 2, andernfalls ist auch eine separate Besprechung möglich *(Phase 3)*. Aus dem Text heraus (Belege sammeln) wird der Grundriß der Wohnung gemeinsam erarbeitet und fixiert, wobei der Lehrer darauf zu achten hat, daß Übereinstimmung besteht mit der Raumverteilung der Kafkaschen Wohnung, welche die Darstellungsgrundlage der *„Verwandlung"* bildet. Binder *(„Kafka-Kommentar zu sämtlichen Erzählungen",* S. 163 f.) gibt eine ausführliche Beschreibung der Zimmeranordnung dieser Wohnung, unser Tafelbild folgt den dortigen, durch Tagebucheintragungen u. ä. gestützten Ausführungen. Schon hier lassen sich erste Rückschlüsse von der Erzählung auf Kafkas Lebensumstände ziehen: Gregors Zimmer-Enklave entspricht derjenigen Kafkas (vgl. dessen Tagebuchnotiz: „Wenn links der Frühstückslärm aufhört, fängt rechts der Mittagslärm an").

Als Hausaufgabe stellt der Lehrer, wiederum verbunden mit der Fertigung von Textanmerkungen und Hefteinträgen, die gründliche Lektüre des zweiten Teils der *„Verwandlung"* (E 70–85). Schwerpunkte sind hier: a) Gregors weitere Entwicklung zum Tierischen; b) die Untersuchung der neuen Familiensituation.

5. Stunde:
Die Zunahme der Animalisierung / Nähere Einblicke in die Familienverhältnisse / Gregors letzter Kampf um seine menschliche Identität; Der „biologische" Mistkäfer

Nachdem die Schüler durch unmittelbares Arbeiten am Text einen Zugang zu der komplexen Form- und Ideenstruktur der Erzählung gefunden haben und methodisch entsprechend angeleitet wurden, kann der Lehrer (dies sei schon jetzt vermerkt) hier zum ersten Mal den Prozeß der Ergebnissicherung *(Phase 2)* streckenweise nicht selbst gestalten: Ein guter Schüler wird zu Beginn der Gruppenarbeit oder schon am Ende der vergangenen Stunde (Vorbereitung!) mit der Gesprächsleitung betraut. Gleichwohl muß der Lehrer auch dann für die einzelnen Fragen auf eine ausreichende Zahl von Belegen bedacht sein. Die Komplizierung der Zusammenhänge, die Mischung von Vergangenem und Gegenwärtigem, die zunehmende Isolation und Nicht-Menschlichkeit von Gregors Existenz, insgesamt also das Prinzip der Steigerung bis hin zur endgültigen Katastrophe müssen deutlich erkennbar werden. Durch das Eingreifen des Vaters ist Gregor in sein Zimmer, das bald einer tierischen Behausung ähnelt, zurückgetrieben worden. War ihm zuvor die Bestätigung seines Andersseins erst durch die Umwelt gegeben worden, so entscheidet der Vater – dies wird am Ende des zweiten Teils und dann, in der motivlichen Ausführung, im Schlußteil erkennbar – endgültig über sein Verbleiben in der isolierten Existenz, die in dieser Form schließlich zum Tode führt.

Die Gruppenarbeit *(Phase 1)* knüpft auch dieses Mal weithin direkt an die gestellte Hausaufgabe an.

Gruppe 1 hat die Aufgabe bekommen: Skizzieren Sie die Stadien von Gregors zunehmender Animalisierung! – Gregors Anderssein äußert sich zunächst in der Gewöhnung an die nunmehr für ihn passenden Dinge (auch hier muß der Lehrer, der, wie stets, an der Arbeit der einzelnen Gruppen teilnimmt, für eine gründliche Detailarbeit sorgen; die im Stundenblatt für diese und für die anderen Gruppen gegebenen Hinweise sind als Vorschlag und nicht als einzige Form der Kooperation zu betrachen). Gregor bekommt seine Nahrung – „etwas Eßbares" – nun in einem „Napf" (E 70) oder auf einer „alten Zeitung" (E 72) hingestellt, was übrigbleibt, wird mit einem „Besen" zusammengekehrt und in einen „Kübel" geschüttet (E 73). Gregors Daseinsform trägt das Stigma des Unberührbaren: Die Familie meidet ihn wie einen Aussätzigen, und nur die Schwester – aber auch sie nun mit deutlichen Anzeichen des Ekels – sorgt für den Fortbestand seiner physischen Existenz.

Gregor selbst paßt sich an. Bis auf ein einziges verhängnisvolles Aufbegehren (s. u.) läßt er demütig alles geschehen, was die Familie über ihn verhängt hat. In der Bevorzugung ungewohnter Speisen – mit der detaillierten Beschreibung der für Gregor vorgesehenen Nahrung verwendet Kafka wiederum bewußt das Mittel des Ekels, dem dient auch das („an sich" unnötige) Erwähnen der klebrigen Ausscheidungen, die Gregor beim Herumkriechen im Zimmer hinterläßt (E 79) – sieht er ein Indiz dafür, daß er sich auch „innerlich" verändert haben könnte (E 72). Seine charakterlichen Qualitäten allerdings scheinen sich nicht gewandelt zu haben: Rücksichtnahme auf die Familie ist für ihn, wie früher, oberstes Gebot. Sein rechtzeitiges Sichzurückziehen, sobald der Schlüssel sich im Schloß dreht, sein sofortiges Verschwinden unter das Kanapee (E 73, 77), sein Einfall gar, sich mit Hilfe eines Leintuchs unsichtbar zu machen, um der Schwester seinen Anblick zu ersparen (E 78), sind aber letztlich auch nichts anderes als Formen der Abkapselung, der selbstgesuchten Isolierung.

Seine Rücksichtnahme, früher ein Schutz für andere, wird immer mehr zur Flucht vor anderen, zur tragischen Parodie der vormaligen Zustände.

Gregors Kontakt zur Außenwelt erfolgt nicht nur allein mehr in passiver Form, der Käfer ist darüber hinaus durch eine räumliche Barriere von seiner Umgebung getrennt – beides gilt sowohl für das Horchen an der Tür (E 76) als auch für das Hinausschauen aus dem Fenster (E 77); daß die Schwester, offensichtlich um ihm eine direkte Sicht nach außen zu ermöglichen, „den inneren Fensterflügel offen ließ" (E 77), ist reiner Sarkasmus.

Gruppe 2 soll sich mit der Situation der Familie vor und nach Gregors Verwandlung auseinandersetzen. Auch hier wird der Lehrer eingangs an die unheilvolle Funktion des Vaters in Teil I erinnern. Stand für die erste Gruppe zunächst das Sammeln und sodann die Deutung von bestimmten veränderten Seins- und Verhaltensformen Gregors zur Debatte, braucht demgegenüber der Lehrer hier, in Weiterführung der gestellten Leitfrage, nur *ein*, allerdings zentrales Problem anzusprechen: Zu klären ist, wie und warum sich die Rolle des Vaters in der Familie nach Gregors Verwandlung geändert hat (vgl. dazu, in Verbindung mit der Besprechung des *„Urteils",* auch die Stunden Nr. 8–11). Denn „die Familie" ist im wesentlichen „der Vater". Vorausdeutungen auf den dritten Teil sollten im übrigen nicht unterbunden werden.

Die Schüler wissen, daß früher allein Gregor die Familie ernährt hat. Dies war ihm vor allem moralische Pflicht, für sich selbst hatte er nur wenig behalten (E 76). Allmählich hatte man sich aber an den Zustand gewöhnt, ohne daß indes Gregor für seine Aufopferung und seine Entbehrungen (man erinnert sich, wie ungern er seinen Beruf ausgeübt hat) der schuldige Dank abgestattet worden wäre. Rein sachliche Gründe, warum der Vater nichts, Gregor dagegen alles tat – der Mutter war aufgrund ihres Asthmas, der Schwester wegen ihrer Jugend eine Geldarbeit nicht zuzumuten –, bestanden indes nicht: Kafka betont ausdrücklich, daß der Vater ein gesunder Mann war (E 76). Und Gregor übte seinen Beruf nicht zuletzt deswegen aus, um eine finanzielle Schuld des Vaters gegenüber seinem Chef abzutragen! Der Vater ist also nicht nur, in zweifacher Hinsicht, undankbar, er läßt sich, ohne es nötig zu haben, von seinem Sohn aushalten und setzt dabei „viel Fett" an (E 76). Doch es kommt noch ärger: Nach Gregors Verwandlung stellt sich heraus, daß der Vater, ohne Wissen der übrigen Familie (!), von Gregors Geldlieferungen regelmäßig bestimmte Beträge abgezweigt hatte, die sich mittlerweile „zu einem kleinen Kapital angesammelt" hatten (E 76), von dem man eine Zeitlang ausreichend würde leben können.

Aus dieser Nachricht müßte sich eigentlich für den hinter der Tür lauschenden Gregor eine doppelt schmerzliche Erkenntnis ergeben. Denn zum einen steht fest: Der Vater ist nicht nur ein Schmarotzer, er ist auch ein Betrüger! Hätte er mit dem abgezweigten Geld seine eigene Schuld gegenüber Gregors Chef vermindert, so wäre seinem Sohn viel Mühe (womöglich auch die Verwandlung?) erspart geblieben. Zum andern muß Gregor die Einsicht gewinnen: Es geht fortan mit Sicherheit auch ohne ihn, wäre, vielleicht, schon immer ohne ihn gegangen. Er ist auf jeden Fall entbehrlich, und wie sich die Familie früher an seine regelmäßigen Geldlieferungen gewöhnt, sie wohl gar als etwas Selbstverständliches angesehen hatte, wird sie sich auch an sein Fehlen gewöhnen und sein Nichtmehrdasein als etwas ebenso Selbstverständliches hinnehmen. Daß sie schon jetzt auf dem besten Weg dazu ist, zeigt die Gleichgültigkeit, die sie – abgesehen von der Schwester, die aber auch mehr und mehr die Lust an der Fürsorge für den Bruder verliert – Gregor gegenüber an den Tag legt.

Diese im Gruppengespräch erarbeiteten Ergebnisse stellen ein gewisses Fazit dar. Hierbei darf der Lehrer es aber nicht bewenden lassen, er sollte vielmehr, ohne Späterem vorzugreifen, seine Schüler nach der Reaktion Gregors befragen, die zumindest ebenso wichtig ist wie das vorher Gesagte. Trotz aller Ausbeutung und Hinterlist von seiten des Vaters ist Gregor diesem nicht gram, sondern „erfreut" über die neuen Nachrichten, denn es war „zweifellos besser so, wie es der Vater eingerichtet hatte" (E 76). Und angesichts der Gefahr, daß er in Zukunft für die Familie wohl nicht mehr würde sorgen können, wird ihm, ungeachtet der ihm angetanen Schmähungen, immer „ganz heiß vor Beschämung und Trauer" (E 76).

Was sich hier, auch auf Kafka selbst bezogen (der Lehrer kann dies schon andeuten), zeigt, sprachlich u. a. verifiziert durch die übertreibenden Adverbien („zweifellos", „ganz"), ist eine masochistische Neigung zur Selbstbestrafung, ein neurotisch gesteigertes Über-Ich-Bewußtsein, ein pathologischer Schuldkomplex. Diese Probleme können hier allerdings noch nicht diskutiert werden (vgl. dazu die Stunden Nr. 8 ff. passim), weil zuerst die textlichen Zusammenhänge vollständig geklärt werden müssen.

Gruppe 3 wurde die Aufgabe gestellt, die Schlußszene des zweiten Teils (E 79 ff.) zu deuten. Es kann zwar durchaus sinnvoll sein, diesen Abschnitt in chronologischer Folge vorzunehmen, indes ist es reizvoller, die Information Gretes an den heimkehrenden Vater – „Gregor ist ausgebrochen" (E 83) – als Einstieg zu wählen und die Schüler ohne weitere Prämissen zu fragen, ob diese Mitteilung „richtig" sei. Auf diese Weise wird sich mit ziemlicher Sicherheit eine lebhafte Diskussion ergeben. Denn zweifellos hängt die Korrektheit der Aussage ab von der Perspektive der beteiligten Personen, und es ist bezeichnend für die Gespanntheit der Familiensituation, daß gerade die Schwester diesen schwerwiegenden, folgenreichen Vorwurf formuliert. Sie hat ganz offensichtlich immer entschiedener, zusammen mit der Mutter, die Partei des Vaters ergriffen, und ihr Verlust bedeutet für Gregor vollends den sicheren Tod. Daß ein in ihren Worten unüberhörbar angesprochener böser Wille auf seiten Gregors von der Erzählperspektive her, die weithin identisch ist mit der von Gregor gewählten Sicht der Geschehnisse, nicht vorliegt, zeigt der Text in aller Deutlichkeit (vgl. E 82 unten). Gregor ist ja, nur um zu helfen, aus seinem Zimmer „ausgebrochen". Ist es demnach ein Mißverständnis – so bleibt zu fragen –, das zum harten Eingreifen des Vaters führt?

Gewiß ist, daß Grete die gute Absicht Gregors nicht erkannt hat – die Übereinstimmung von Hilflosigkeit und Sprachlosigkeit ist hier besonders augenfällig. Aus ihrer Sicht ist Gregor zweifellos der Schuldige, denn sein für sie unbegreifliches Verharren auf dem Bild an der Wand muß nach ihrer Auffassung alle stillschweigend getroffenen Vereinbarungen zwischen Bruder und Schwester verletzen. Doch das Geflecht aus gegenseitiger Rücksichtnahme, insgeheim getroffenen Verabredungen usw. hat sich mittlerweile zu einem unentwirrbaren Knoten verdichtet. War es überhaupt jemals Gregors Wille gewesen, daß die Möbel aus seinem Zimmer entfernt wurden? Gregor ist sich wohl selber darüber im Zweifel, erklärt zumindest einen solchen Wunsch, sollte er je bestanden haben, für unsinnig (E 80; Gregors Unsicherheit sich selbst gegenüber spiegelt hier deutlich sein inneres Schwanken zwischen den Formen einer [nicht mehr] menschlichen und denen einer [noch nicht ganz] tierischen Existenz wider) und bäumt sich damit noch einmal gegen das auf, was andere über ihn befinden, sollte es auch zu seinem (vermeintlichen) Besten sein. Denn die Schwester hatte es sich doch nur in den Kopf gesetzt, „Gregor das Kriechen in größtem Ausmaße zu ermöglichen" (E 79), darüber, ob ihr Vorhaben wirklich seinem Wunsche entspricht – daß

dies nicht der Fall ist, wird für Gregor entschieden betont („nichts sollte entfernt werden; alles mußte bleiben" E 80); denn sonst wäre seine nicht-menschliche Existenz endgültig fixiert –, hatte sie sich keine Rechenschaft abgelegt.

Bleibt das Fazit – und das wird das wesentliche Ergebnis der Arbeit dieser Gruppe sein –, daß die Feststellung, Gregor sei „ausgebrochen", aus der Sicht der Schwester durchaus gerechtfertigt ist, daß sie aber andererseits vom Anliegen Gregors her als völlig unzutreffend bezeichnet werden muß. Daraus folgt aber (Hefteintrag):

1. Die redliche Absicht führt ins Verderben (tragische Situation).
2. Die Unfähigkeit, sich mitzuteilen, ist die Vorstufe zum Untergang.
3. Die Reaktion des Vaters ist verständlich und entschuldbar.
4. Gregor wird durch sein mißverständliches Verhalten mitschuldig an seinem Tod.

Diese Ergebnisse können ohne weiteres auch als Tafelanschrieb festgehalten werden, nur muß der Lehrer den Schülern klarmachen, daß damit keine objektiven Feststellungen getroffen worden sind, sondern daß diese Urteile „nur" im Rahmen der werkimmanenten Interpretation Gültigkeit haben, dort aber von entscheidender Wichtigkeit sind. Der extremen Form des persönlichen Schuldvorwurfs entspricht das visionäre Bild einer apokalyptischen Vaterfigur, eines imaginären, bösartig verzerrten Rächergottes, der das Verhalten des Ungehorsamen (wobei von wirklichem Ungehorsam ja gar nicht die Rede sein kann) ohne jedes Maß tödlich bestraft. Der Lehrer sollte auch in diesem Zusammenhang nicht versäumen, den bildhaften Charakter von Kafkas Sprache hervorzuheben (vgl. die beiden Vater-Imaginationen aus Vergangenheit und Gegenwart E 83 Mitte bis E 84 Mitte): Der Eindruck des Unheimlichen entsteht aus der Verbindung einer ins Extreme gesteigerten, das Groteske berührenden epischen Realität mit der Technik der detaillierten Deskription – im vorliegenden Textbeispiel ist jede Zeile wichtig (ggf. kurze Einzelarbeit).

Die Auswertung der Gruppenarbeit *(Phase 2)* schließt sich an (die Ergebnisse wurden im vorigen skizziert; zu ihrer stichpunktartigen Zusammenfassung vgl. Stundenblatt Nr. 4); der Lehrer greift als Diskussionsleiter ggf. nur korrigierend ein (zum Gesamtmodus s. S. 39). Das im Verlauf des Gesprächs anzufertigende Tafelbild verdeutlicht die dominierende, degradierende Funktion des Vaters.

Sofern noch Zeit bleibt, kann der Lehrer an diesem Punkt ein kurzes, ausschließlich aus biologischen Sachinformationen bestehendes Referat über den Mistkäfer einschalten *(Phase 3)*. Sorgfältig hat sich Kafka hier um morphologische Korrektheit bemüht, und die zoologischen Bezüge sind eindeutig fixierbar:

„Kafka selbst spricht ... von einem Schwarzkäfer [Tagebucheintrag], die Bedienerin in der Erzählung wegen der Fäden, Haare und Speisereste, die Gregor auf dem Rücken und an den Seiten zuletzt mit sich herumschleppt ..., offensichtlich vergleichsweise von einem Mistkäfer. Auch Einzelheiten, die von Gregor berichtet werden, weisen auf diese Insektenart: Sein panzerartig harter und gewölbter Rücken erinnert an die festen, gerundeten Flügeldecken der Käfer (nicht alle Arten sind flugtauglich), der von bogenförmigen Versteifungen geteilte Bauch an die dreiringige Thorax und den vielgliedrigen Unterleib der Käfer, der übrigens weniger chitinisiert und am Hinterende nicht immer von den Flügeldecken geschützt ist, so daß Gregor sein Körperende als besonders empfindlich auffällt. Wie die Käfer hat Gregor Fühler, zwei Beinreihen und kann sich aufblasen; bei gut fliegenden Käferarten wird die Luft in sogenannten Tracheenblasen vor jedem Flug durch pumpende Bewegung des Hinterleibs erneuert (z. B. beim Maikäfer). Und wenn Gregor am Anfang der Erzählung aus eigener Kraft schwer von der Rückenlage loskommen kann, so entspricht dies empirischen Beobachtungen, die besonders bei Maikäfern, Hirschkäfern und Mistkäfern gemacht wurden, sogar von Kafka selber [Briefnotiz]. Gregors Feuchtigkeitsempfindlichkeit, seine Lichtscheu und die Bevorzugung von altem, ungenießbarem

Käse und halbverfaultem Gemüse hat in der Tatsache eine Entsprechung, daß manche Käfer Trockenheit lieben und in verborgenen Magazinen leben (oder im Freien unter Steinen), wie z. B. der Mehlkäfer, in Deutschland die häufigste Schwarzkäferart, ein Schädling [Tagebucheintrag], der also eindeutig unter den von Kafka gewählten Oberbegriff Ungeziefer fällt, oder auch der Totenkäfer, ein Aasfresser."
(Binder, „Kafka-Kommentar zu sämtlichen Erzählungen", S. 160)

Grundsätzlich kann ein solches Referat – der Schüler wird sich die entsprechende Literatur leicht vom Biologielehrer besorgen können (ggf. Bibliotheksausleihe) – auch zu einem anderen Zeitpunkt erfolgen, nur sollte der Lehrer diesen nicht zu früh ansetzen, um eine unfreiwillige Verfremdung seiner Absichten zu vermeiden.

Als Hausaufgabe wird den Schülern das intensive Durcharbeiten des dritten Teils der Erzählung (E 85–99) gestellt (Textanmerkungen, Hefteinträge). Sie sollen dabei vor allem das Verhalten der Familie angesichts von Gregors zunehmendem Verfall untersuchen und sich darüber hinaus mit dem generellen Problem beschäftigen, ob die Verwandlung als solche wie auch Gregors im Text geschildertes Verhalten mehr im Sinne der Aggression oder eher der Regression zu deuten sei.

6./7. Stunde:
Gregors Ende / Aggression oder Regression? / Gregors Verhältnis zu seiner Schwester / Die Bedeutung von Kafkas Schwester Ottla

Der dritte Teil der Erzählung kann, anstatt, wie vorgeschlagen, im Klassengespräch, auch in Form der Gruppenarbeit analysiert werden – bei weniger aufnahmebereiten Klassen erscheint dies sogar ratsam –, doch ist, mit dem Ziel einer strafferen Unterrichtsführung und auch aus Gründen der methodischen Variabilität, nicht zuletzt aber wegen der konsequent fortgeführten episch-inhaltlichen Strukturen die Form des Klassengesprächs *(Phase 1)* hier mindestens ebenso angebracht. Stärker als bisher tritt nun das Gesamtbild der Erzählung in Erscheinung, vor allem in der nachfolgenden Phase steht es im Vordergrund. In beiden Arbeitsabschnitten sollten die Schüler wiederum zu genauer Textbeachtung angehalten werden. Bei der Einzeldisposition der Stunden kann der Lehrer weithin selbständig verfahren.

Der Lehrer wird zunächst, auch „morphologisch" dem Gang der Erzählung folgend (vgl. E 85), vom zweiten zum dritten Teil überleiten: Der vom Vater geworfene Apfel, als nicht entfernbarer „Pfahl im Fleische" dem Sohn stigmatisch aufgeprägt, kommt in seiner unheilvollen Wirkung einem langsam vollstreckten Todesurteil gleich. Mit dem physischen Verfall geht Gregors psychische Zerrüttung einher. Die Gleichgültigkeit der Familie, ja ihre zunehmende Abneigung ihm gegenüber äußert sich zudem in der Verwendung seines Zimmers als Abfallstube. Gregor, nach außen ohnehin schon ein Bild des Schmutzes und des Ekels (vgl. z.B. E 88), soll offenbar endgültig selber auf dem Müllhaufen landen, wie es sich für einen „Mistkäfer" (E 89) geziemt.

Das Prinzip der Steigerung, das im dritten Teil vorherrscht – auch die Worte der kraftprotzigen Bedienerin, deren vitales Auftreten in krassem Gegensatz steht zu dem Bild des dahinsiechenden Gregor, sind entsprechend abgefaßt („Mistkäfer" E 89; „es ist krepiert" E 96; „das Zeug von nebenan" E 99) –, wird veranschaulicht durch den Tafelanschrieb I, der analog zu den einzelnen Gesprächsstadien angefertigt wird: Gregors Tod, der sich schon in der immer stärker werdenden Abnahme von Lebenswille und Lebenskraft angekündigt hat (zu den im Tafelanschrieb I angeführten Belegen vgl. E 85, 87, 89, 90, 91), wird zum Ausgangspunkt für die Re-Integration der Familie (der Kausalbezug muß im Tafelanschrieb deutlich hervortreten). Gregors Todestag ist ein Feiertag (vgl. E 98f.), besonders die Zukunft der Schwester erscheint nun in gänzlich neuem Licht (E 99).

Bis auf die Besprechung der Art des geschwisterlichen Verhältnisses zwischen Gregor und Grete (s. dazu Phase 4 ff.), dem sich der Rückgriff auf die biographische Situation (Kafkas Schwester Ottla) anschließt, ist die unmittelbar textbezogene Analyse der *„Verwandlung"* – die „Deutung" nach übergeordneten Leitpunkten erfolgt im zweiten Hauptteil – nunmehr abgeschlossen. Zu klären bleibt allerdings noch, und dies kann in Verbindung mit einem (vorläufigen und darum keineswegs vollständigen) Fazit geschehen, inwieweit Elemente der Aggression von seiten Gregors in der Erzählung eine Rolle spielen.

In der Forschungsliteratur (vgl. z. B. W. H. Sokel, *„Franz Kafka. Tragik und Ironie",* S. 98 ff.) werden bisweilen bestimmte aggressive Verhaltensweisen bzw. Einstellungen des Käfers besonders betont. Auch ist gelegentlich, mit einem halben Seitenblick auf gewisse Formen von Kafkas Selbsteinschätzung (vgl. auch die folgende Stunde zum *„Brief an den Vater"*), von der „Schmarotzerexistenz auf dem Kanapee" die Rede. Indem Gregor eine andere Daseinsform annehme, entziehe er sich der Verantwortung gegenüber der Familie. Diese Art des Sichzurückziehens, der Regression, sei, als Nichtübernahme der Pflicht und Ausweichen in einen Pflegezustand, auch als Auflehnung, als Offensive zu werten.

Nun sind gewisse Formen der Aggression bei Gregor zweifellos vorhanden. In Partnerarbeit sollen die Schüler, denen manche diesbezügliche Einzelheiten sicher ohnehin im Gedächtnis sind, solche Motive sammeln *(Phase 2)*. Der Lehrer arbeitet bei den einzelnen Gesprächsgruppen mit, ohne allerdings schon zu werten und zu deuten (die einzelnen Aggressionsmotive sind im Stundenblatt verzeichnet); ggf. erinnert er an bestimmte gesteigerte Konfliktsituationen, in denen Gregor nicht immer nur in der Defensive zu sehen war.

Wichtig ist nun die Ergebnissicherung *(Phase 3)*, bei der diese Motive im Gesamtkontext gesehen werden müssen. Gleichzeitig sollte, als Zusammenfassung und Ergänzung und unter Vorausdeutung auf die im folgenden zu erläuternden biographischen Hintergründe, ein stichwortartiges Interpretations-Paradigma (Auflistung als Tafelanschrieb II) erarbeitet werden (vgl. i. e. die Vermerke im Stundenblatt), das natürlich nicht mit einer Kafka-Deutung in Kurzfassung verwechselt werden darf. Doch ist ein konkretes hermeneutisches Orientierungsmodell, unter Anerkennung seiner fragmentarischen Funktion und dem unbedingten Erfordernis des Kontextbezuges, notwendig und sinnvoll.

Gregors Metamorphose ist letztlich nichts anderes als ein bildhafter Ausdruck einer ins Extreme gesteigerten Entfremdung vom eigenen Ego und vom sozialen Umfeld, Chiffre nicht gelungener Lebensbewältigung, die in der psychischen Situation des Betroffenen als solcher, den latenten Konflikten in der Familie, der Neigung zum Masochismus und zu neurotischen Schuldängsten, im als schmerzlich empfundenen Stand des Junggesellentums*, mithin in einer permanenten Identitätskrise ihre Ursachen hat (vgl. i. e. den folgenden zweiten Hauptteil). So wie Gregor und Kafka weithin wesensgleich sind (obwohl natürlich, nach eigenem Zeugnis des Dichters, jener nicht dieser *ist*) und ihre Lebenssituationen vielfach übereinstimmen, so muß sich hier die literarische mit der biographischen Deutung verbinden, ja vermischen

---

* Dazu kann der Lehrer auf die Erzählung *„Das Unglück des Junggesellen"* (E 13) – die eher einer aphoristischen Reflexion als einem novellistischen Kunstwerk gleichkommt – und die Verbreitung dieses Motivs (Lebensumstände!) bei Kafka hinweisen.

– eine werkimmanente Interpretation *kann* keine befriedigenden Ergebnisse liefern! Im anderen Fall aber wird klar, daß diese vergleichsweise kurze Erzählung die Frage nach dem Warum gar nicht zu beantworten vermag, so wie es müßig ist, etwa nach dem Urheber des Übels oder nach dem Zeitpunkt der Umwandlung in den Käfer zu forschen.

Solche Überlegungen müssen den Schülern – am besten hier, an einer inhaltlich-methodischen Nahtstelle – mitgeteilt werden, um noch bestehende Vor- oder Fehlurteile und damit auch Verstehensbarrieren abzubauen. Sie machen zugleich deutlich, daß angesichts der ausschließlich regressiv bestimmten Grundtendenz gelegentliche aggressive Momente nicht ins Gewicht fallen. Sie sind ausnahmslos (abgesehen vielleicht vom Schwester-Motiv) Reaktionen, Formen machtlosen Aufbegehrens, Restelemente zerstörter Vitalität, Gesten eines Moribunden, der, schon zur Sprachlosigkeit, zur Nichtmehrverstehbarkeit verdammt, den Todesstreich nicht in absoluter Freiwilligkeit (vgl. dagegen das Ende vom *„Prozeß"*!) zu empfangen bereit ist.

Auch die Verwandlung als Ganze ist keine Offensive, sondern ein unfreiwillig erlittenes, physisch und psychisch erniedrigendes, zum Tode führendes Ereignis – Hilflosigkeit darf nicht mit Auflehnung verwechselt werden, nur wenn die Demütigung nicht in allen Punkten vollkommen ist.

Methodisch ist es zweckmäßig, das komplexe Problem des Bruder/Schwester-Verhältnisses separat zu behandeln. Zum einen ist die Beziehung Gregors zu Grete eine grundsätzlich andere als die zur übrigen Familie (vgl. die Namensähnlichkeit), zum andern läßt sich hier konkret der Übergang zum biographischen Kontext – und damit zu der wohl aufschlußreichsten Deutungsform – herstellen. Denn Grete ist in vielem Ottla, Kafkas Lieblingsschwester. Vom „Schwester-Problem" läßt sich dann, gleichfalls ohne

45

Schwierigkeiten, überleiten zum „Vater-Problem".

Bei der folgenden Einzelarbeit *(Phase 4)* greifen die Kursteilnehmer auf grundsätzlich Bekanntes zurück, das nun, vom einzelnen her, in einen funktionalen Zusammenhang gestellt wird. Als Leitfragen bieten sich an: 1. Inwiefern hat sich das Verhältnis zwischen Bruder und Schwester im dritten Teil der Erzählung geändert a) von Gregor, b) von Grete aus gesehen?; 2. Durch welche Ereignisse wurde diese Änderung hervorgerufen? Einbezogen wird der ganze Text.

Es bleibt dem Lehrer überlassen, ob er die Vertrautheit zwischen Gregor und Grete, die feinfühlige Sorge der letzteren für den zur Ungestalt gewordenen Bruder, in allen Details zur Sprache bringen will. Im übrigen sollte die Beantwortung der Aufgaben keine allzu große Mühe bereiten, so daß es hier in der Regel vieler Impulse von seiten des Lehrers nicht bedarf.

Herauszuarbeiten ist (Ergebnissicherung, *Phase 5*), daß die unmittelbare seelische Nähe, bei der auf Worte verzichtet werden konnte, von dem Augenblick an zerstört ist, wo Gregor seine „Besitzansprüche" auf eine andere Frau – das Bild der Dame mit der Pelzboa verteidigt er mit zäher Beharrlichkeit – unmißverständlich bekundet (E 81 f.). So stark ist sein Entschluß, daß er notfalls sogar einen Angriff auf Grete unternehmen will („Er saß auf seinem Bild und gab es nicht her. Lieber würde er Grete ins Gesicht springen" E 82). Es ist bezeichnend für das Ende dieser Sphäre der Vertrautheit, die auch in der Sprachlosigkeit lebendig blieb, daß die Schwester, angesichts der „Bedeutung" des Geschehenen, zum ersten Male wieder Gregor direkt anspricht – was so wichtig ist, daß der Erzähler, gleichsam in Form eines auktorialen Einschubs, darauf hinweist: „,Du, Gregor!' rief die Schwester mit erhobener Faust und eindringlichen Blicken. Es waren seit der Verwandlung die ersten Worte, die sie unmittelbar an ihn gerichtet hatte."

(E 82) Sicher sind Gretes Worte auch eine Antwort auf Gregors Rücksichtslosigkeit gegenüber der Mutter, doch die sich von nun an zeigende Härte kann ihre Ursache nur in einem persönlichen Gekränktsein haben. So sind ihre strengen Worte, Gregor sei „ausgebrochen", schon als eine Reaktion der Eifersucht zu werten (im Grunde kommen sie fast einer Lüge gleich, denn Grete hatte die Tür zum Nebenzimmer, in welches auch Gregor, in der Absicht zu helfen, geeilt war, mit dem Fuße zugeschlagen [E 82], so daß dieser ausgesperrt blieb, und auch wenn ihr die unendliche Mühe, mit der er die eigene Zimmertür geöffnet hatte [E 65], verborgen war, so mußte ihr doch klar sein, daß Gregor nicht ohne weiteres in sein Zimmer zurückgelangen konnte). Vor allem aber ist die Lieblosigkeit der Pflege, wie sie nach diesem Ereignis zutage tritt (E 88), eine direkte Folge der zerstörten partnerschaftlichen Beziehung. Mehr noch: Grete ist der Sorge für Gregor „überdrüssig" geworden (E 88), und der Vorschlag, den Bruder, der nun auch für sie zu einem Neutrum geworden ist, „loszuwerden", stammt von ihr (E 94, vgl. Kontext). Gregor, in seiner Verlassenheit, empfindet den Verlust ungleich stärker: Er möchte die Schwester wieder ganz für sich haben, mit ihr, gegen die andern, vertraut sein – sein Begehren hat nunmehr eindeutig inzestuösen Charakter (E 92; unter diesem Gesichtspunkt ist es naheliegend, den „Weg zu der ersehnten unbekannten Nahrung" – hier setzt die Forschung nicht selten ein schamhaftes Fragezeichen – als das Verlangen Gregors nach geschwisterlichem Geschlechtsverkehr zu deuten [vgl. u.]).

Wenn der Lehrer im folgenden die biographischen Erläuterungen (die Stoffaufteilung in Lehrervortrag und Schülerreferat wurde zuvor möglichst genau festgelegt) mit einer Skizzierung des Verhältnisses zwischen Franz und Ottla Kafka und einer Auswahl der Geschwisterphotos beginnt *(Phase 6;* Bildprojektion aus K. Wagenbach, „*Kafka*" [rm 91], Seitenangaben im Stundenblatt), muß er dem Ganzen nicht nur den Anstrich des Sensationellen zu nehmen suchen, sondern er sollte schon zu Anfang darauf verweisen, daß die Bruder/Schwester-Beziehung nur ein Baustein zu einer Gesamtdeutung ist, für die das später zu behandelnde Sohn/Vater-Verhältnis eine weit größere Rolle spielt. Auch geht es, rein methodisch, nicht etwa nur um das Sichtbarmachen von Ähnlichkeiten, sondern um das Aufspüren solcher biographischer Faktoren, die ein Erfassen des Textes erleichtern können.

Ein blutschänderisches Verhältnis zwischen Franz und Ottla hat es nicht gegeben, wenngleich jenem die sexuelle Komponente wohlbewußt war (Binder, *„Kafka-Kommentar zu sämtlichen Erzählungen"*, S. 170 mit Hinweis auf entsprechende Tagebuchnotizen). Natürlich ist auch, abgesehen von der Kafka/Samsa-Analogie, der Vorname „Gregor" mit Bedacht gewählt. Er erinnert an die Hauptfigur von Hartmanns von Aue mittelhochdeutschem Epos, den „Gregorius", der mit seiner Schwester Inzest beging und, verwandelt, Sühne leistete*. Die Bildprojektion beschränkt sich hier auf das Zeigen von Geschwisterphotos, andere Aufnahmen werden in einem späteren Zusammenhang vorgeführt.

In dem nun folgenden freien Gespräch *(Phase 7)* sollte der Lehrer, der die Fakten hier allein mitteilt (Bezug auf die bei Binder [a. a. O.] weiter berichteten bzw. vermuteten Gemeinsamkeiten zwischen Grete und Ottla), vor allem erwähnen, daß Ottla häufig eine vermittelnde Position zwischen den Eltern und dem Bruder einnahm und daß Kafka sich später den Vorwurf machte, er habe die Schwester zu sehr für sich in Anspruch genommen: Ausdruck eines Besitzverlangens, nicht unähnlich dem Wunsche Gregors, allein mit der Schwester im Zimmer zu leben. Auch weitere Einzelheiten lassen auf einen direkten Zusammenhang schließen: Kafka schlug Ottla vor, an der „Landwirtschaftlichen Winterschule" in Friedland zu studieren, wobei er die Kosten tragen wollte (man denke an die Pläne Gregors, seine Schwester auf das Konservatorium zu schicken); Ottla war, wie Grete, den ganzen Tag im Geschäft und erlernte dazu abends noch eine Fremdsprache (vgl. dazu E 85). Daß die Beziehungen Kafkas zu Ottla aber durchaus ambivalent waren, zeigen verschiedene Briefstellen und Tagebucheinträge (vgl. Binder, *„Kafka-Handbuch"*. Bd. I, S. 400 f.), in denen Kafka Ärger über sie äußert, mitteilt, daß er sich in ihrer Gegenwart seiner Einsamkeit besonders bewußt werde usw.

Was den Umschwung Gretes in ihrem Verhältnis zu Gregor vom biographischen Kontext her, zumindest vordergründig-real, wohl am ehesten erklärt, ist die von Kafka erstmalig erlebte eindeutige Parteinahme Ottlas für die Eltern und damit gegen den Bruder. Nur wenige Wochen vor der Abfassungszeit der *„Verwandlung"* hatten Kafkas Eltern den Sohn aufgefordert, seine freien Nachmittage der im Familienbesitz befindlichen Asbestfabrik zu widmen. Ottla hatte nicht nur diese Aufforderung unterstützt, sondern darüber hinaus die Lebensweise des Bruders (s. u.) grundsätzlich mißbilligt (zum Ganzen s. Binder, *„Kafka-Kommentar zu sämtlichen Erzählungen"*, S. 171). Kafka sah sich hier des schwesterlichen Schutzes, seiner seelischen Geborgenheit beraubt – er war zum Selbstmord fest entschlossen. Auch Gregors langsamer Verfall fand ja in Gretes Gleichgültigkeit und Mißgunst eine Ursache.

Der biographisch orientierten Interpretationsmethode – und das sollte den Kursteilnehmern von vornherein deutlich sein – sind natürlich Grenzen gesetzt. So sollte der Lehrer grundsätzlich eher von mehr oder minder

---

* H. Politzer (*„Franz Kafka. Der Künstler"*, S. 127 Anm.) verweist unter Berufung auf K. Wagenbach (*„Franz Kafka"*, S. 243) darauf, daß Kafka im Jahre 1902 an der Prager Universität eine Vorlesung über Hartmann von Aue gehört hat.

ausgeprägten „Ähnlichkeiten" und nur im Einzelfall – und dann mit großer Behutsamkeit – von „Übereinstimmungen" sprechen. Die Grenzen zwischen perspektivischer Einlinigkeit und literarischer „Verfremdung" sind für den Betrachter natürlich fließend – wieweit *„Die Verwandlung"* ein Abbild der Lebensumstände ist und von wo an (von Selbstverständlichkeiten abgesehen) spezifisch Literarisches „einsetzt", wird sich kaum mit objektiver Sicherheit genau bestimmen lassen: Crux, aber auch Reiz der gesamten Kafka-Forschung!

Aus den genannten Gründen ist darum hier von einem Tafelanschrieb abzuraten. Der Lehrer darf nicht etwa auf der einen Seite gewisse Einzelheiten der Erzählung und auf der anderen die dazugehörigen biographischen „Erklärungen" im Sinne einer Parallelsetzung vermerken. Auch bei Klassen mit geringem Abstraktionsvermögen sollte nicht auf diese Weise verfahren werden. Selbst wenn maßgebliche Motive aus dem Leben übernommen sind, muß doch der große künstlerische Freiraum des Literarischen den Kursteilnehmern als solcher bewußt werden.

Als Hausaufgabe stellt der Lehrer die gründliche Lektüre von Kafkas *„Brief an den Vater"* (Fischer Taschenbuch 1629).

8./9.Stunde:
Lebensabriß Kafkas /
Der „Brief an den Vater"

Die Schülerreferate über Kafkas Leben *(Phase 1)* sollten auf das Medium der Bildprojektion nicht verzichten. Wichtige Informationsschwerpunkte (Familie, Beruf, Frauenbekanntschaften usw.) sind im einzelnen im Stundenblatt genannt; die Referenten sollten Wagenbachs Kafka-Monographie

(rm 91) selber besitzen, vielleicht kann ihnen auch, um der besseren Detailerläuterung willen, der erste Band von Binders *„Kafka-Handbuch"* zur Verfügung gestellt werden (hier müßte der Lehrer die zu referierenden Kapitel genau angeben).

Wie schon bei der Erörterung des Bruder/Schwester-Verhältnisses muß der Lehrer auch hier ggf. der Tendenz entgegenwirken, Kafka einfach als unbürgerlichen Außenseiter abzustempeln, was z.B. in Anbetracht der von ihm gewählten Schlaf- und Arbeitseinteilung – die meisten seiner Werke entstanden nachts, geschlafen wurde am späten Nachmittag – naheliegen kann. Die Schüler sind ohnehin gespannt darauf zu erfahren, was für ein Mensch der Verfasser solch einer „makabren" Erzählung wie der *„Verwandlung"* denn überhaupt gewesen ist. Schlimm wäre es, wenn die Klasse den Prager Juristen als einen nicht ernst zu nehmenden Neurotiker abqualifizieren wollte, einer häufig zu beobachtenden Zeiterscheinung folgend, die alles dem eigenen Horizont nicht Gemäße, alles nicht sofort Begreifbare, alles sich dem eigenen Selbstverständnis Widersetzende als unnormal erklären möchte. In solchen Fällen wird der Lehrer, ohne daß die Besonderheit von Kafkas Persönlichkeit in Abrede gestellt würde, zum Beispiel verweisen müssen auf die Beschränktheit des nur Berechenbaren, er wird fragen können, was angesichts unseres heutigen Normenpluralismus überhaupt „normal" sei, und von daher die Notwendigkeit ableiten, auch den Außenseiter in die menschliche Gemeinschaft zu integrieren. Er wird auch an die Differenziertheit des psychischen Wahrnehmungsfeldes erinnern und an die der Sprache gegebene Möglichkeit, Eigentliches in Bildern auszudrücken. Nicht zuletzt aber wird er, auch kooperativ mit den Referenten, die Kompliziertheit der Wohn- und Lebensverhältnisse in der Familie Kafka anführen – eine aus Briefstellen und Tagebuchnotizen zusammengefügte Übersicht über die äußeren Gegebenheiten findet sich

z. B. bei Binder (*„Kafka-Handbuch"*. Bd. I, S. 398 f.; s. auch Kontext) –, er wird auf das wenigstens der Grunddisposition nach keinesfalls singuläre Vaterverhältnis verweisen (s. *Phase 2*) und über Kafkas Beziehungen zu Frauen informieren, die, von der Tatsache der mehrfach mißglückten Verlobungen abgesehen, „ganz normal" waren. Solche Erläuterungen können u. U. ad hoc immer wieder angebracht sein.

Mit der Besprechung des *„Briefes an den Vater"* (Fischer Taschenbuch 1629) beginnt der zweite Hauptteil der Unterrichtseinheit. Dieser Brief, den Hermann Kafka bekanntlich nie zu Gesicht bekommen hat, bildet, im größeren Zusammenhang, den zentralen Interpretationsansatz für *„Die Verwandlung"*, wenngleich hier natürlich *nicht,* wie oben schon angeführt, im Sinne einer einfachen Übertragung ein fiktionaler Text durch ein biographisches Dokument *erklärt* werden kann. Doch darf man hier wohl von „Übereinstimmungen" und nicht nur von „Ähnlichkeiten" sprechen (daß der *„Brief an den Vater"* trotz mancher uneigentlichen Redeweisen und unbeschadet einer gewissen Tendenz zur Vereinfachung bzw. Übertreibung nicht als „Literatur" bezeichnet werden kann, dürfte feststehen). Darüber hinaus kann der Brief Vorstufe sein für weitere, auch für die Auslegung der *„Verwandlung"* wichtige Deutungsformen – allerdings bildet er wohl, mehr noch als die psychoanalytisch oder theologisch orientierten Denkmodelle, zur Problematik der *„Verwandlung"* wie für Kafkas Werk überhaupt den unmittelbarsten Zugang, der zudem noch den Vorteil bietet, für die Schüler am verständlichsten zu sein. Die Kursteilnehmer besitzen selber den Text und haben ihn für diese Stunde vorbereitet.

Für die Gruppenarbeit *(Phase 2)* empfiehlt es sich, nur eine, allerdings umfassende, Leitfrage zu stellen: Wie sieht der Sohn den Vater und das Verhältnis zwischen beiden? Denn zum einen wird der Text ausschließlich von der Erörterung dieser Thematik beherrscht, zum andern ergibt sich aus dieser Fragestellung die Möglichkeit, zumindest vorläufig wertneutral zu analysieren. Weiterhin lassen sich, zumal wenn der Lehrer als Problemschwerpunkte die Denk- bzw. Verhaltensmuster „Abhängigkeit" und „Schuld" nennt, direkte Parallelen zur *„Verwandlung"* herausarbeiten. Schließlich kann eine von festgelegten Verstehenskriterien noch weitgehend freie Beschäftigung mit dem Text dazu beitragen, *„Die Verwandlung"* als weniger befremdlich zu empfinden, wenn die Schüler in der dargestellten Konfliktsituation Manifestationen eigener – wenngleich um etliches weniger bedeutungsschwerer und keineswegs psychoanalytisch so komplexer – Erfahrungen erkennen. Je mehr ein Heranwachsender die Konfrontation mit dem Vater auch als einen Prozeß der inneren Auseinandersetzung erfährt, desto einsehbarer und darum einsichtiger wird für ihn die Symbolkraft von Gregors Verwandlung, denn diese ist nicht zuletzt auch eine Chiffre für die tiefste Entfremdung zwischen Vater und Sohn. Dort, wo das Gespräch die Verbalisierung solcher Erfahrungen zum Inhalt hat, etwa auch in Form einer deutlicheren Bewußtwerdung bzw. Profilierung der Vater-Imago, wird die Mitarbeit des Lehrers recht zurückhaltend sein und sich auf behutsame Anregungen beschränken.

Demgegenüber muß der Lehrer stärker eingreifen, wenn es um die Konturierung der Realitätshintergründe geht, deren Kenntnis für das Verständnis des Briefes unerläßlich ist. Hier lassen sich einerseits, in Ergänzung und Vertiefung der vorangegangenen Schülerreferate, vom Lehrer weiterführende biographische Details zur Sprache bringen, andererseits wird sich im Laufe der Diskussion früher oder später die Frage nach den archetypischen Urbildern erheben, die, den persönlichen Bezugsrahmen überschreitend, das hier vorliegende Vater-Bild mitgestaltet haben bzw. „strukturell" zu diesem in Beziehung stehen (vgl. zum Ganzen Stundenblatt Nr. 6, Phase 2, Punkte 1–8). Inwieweit der Lehrer in diesem Gesprächsstadium schon die allgemeinen Deutungsschemata, vornehmlich also die mythologischen, psychoanalytischen und theologischen Erklärungsversuche (vgl. Punkt 4–6), einbeziehen soll, läßt sich grundsätzlich nicht exakt festlegen. Es wird aber am sinnvollsten sein, wenn diese Denkbilder – der eine oder andere diesbezügliche Hinweis wird sicher auch von den Schülern kommen – hier allenfalls kurz skizziert werden, ihre ausführliche Erörterung hingegen auf die abschließenden Stunden, also auch erst auf die Zeit nach der Besprechung des *„Urteils"*, verlegt wird. Dies hat auch den Vorteil, daß der Übergang von der konkreten zur abstrakten Analyse nicht unmittelbar erfolgt. Der Lehrer sollte an dieser Stelle also solche Informationen geben bzw. Diskussionsschwerpunkte setzen, die noch die konkreten biographischen Zusammenhänge berühren und darüber hinaus in unverkennbarer Beziehung zur *„Verwandlung"* stehen. Es sollen während der Gruppenarbeit und dann beim Sammeln der Ergebnisse also auch hier, analog zum bisherigen Verfahren, zunächst die zahlreichen Einzelpunkte zusammengetragen werden, um diese später im größeren Kontext nochmals allgemein „deuten" zu können.

Hier wird, um gleichsam bei den Ursachen zu beginnen, zuerst an die Lebensumstände des Kaufmanns Hermann Kafka (vgl. Binder, *„Kafka-Handbuch"*. Bd. II, S. 533 ff.) zu denken sein – auch Herr Samsa hatte sich, indem er bestimmte Beträge der monatlichen Geldzuwendungen seines Sohnes zurückbehielt, skrupellos und geschäftstüchtig gezeigt, war indes in früheren Jahren, als er gezwungen war, bei Gregors Chef Schulden zu machen, weniger erfolgreich gewesen. Existenzangst und kaufmännischer Rigorismus haben das Leben Hermann Kafkas wesentlich geprägt, hierfür sind neben der individuellen Veranlagung auch allgemeine sozialhistori-

sche Gründe zu nennen. Er kam „aus dem bitterarmen Dorfjudentum, das, keiner sozialen Schicht angehörend, weder über bäuerliche noch über proletarische Zugehörigkeitsgefühle verfügt[e]" (a. a. O., S. 533). Der Kampf um den sozialen Aufstieg, um Anerkennung in der Gesellschaft, der letztlich den „kollektiven Willen" des böhmischen Judentums repräsentierte (vgl. ebda.), hat den Vater ein Leben lang geprägt. Es ist in gewisser Weise verständlich, daß er, zum einen, das Studium des Sohnes und dessen Tätigkeit als Versicherungsjurist nur im Sinne des gesicherten Broterwerbs verstehen konnte, daß er aber, andererseits und vor allem, im Bewußtsein des eigenen kulturellen Defizits und von einem „krassen Vulgärmaterialismus" geformt, jeder Beschäftigung des Sohnes mit allem, was nicht primär zum Geldverdienen geeignet war – aber gerade in dieser literarischen „Beschäftigung" bestand ja für Kafka, wenn überhaupt, der einzige Lebenssinn –, mit Mißtrauen, ja mit Verachtung begegnen mußte. Seine übliche Reaktion auf das Erscheinen von Kafkas Büchern war: „Legs auf den Nachttisch!" (*„Brief an den Vater"*, S. 51), sie ist deutlich genug. Je besser es dem Lehrer gelingt, die absolute Wesensdivergenz zwischen Vater und Sohn zur Sprache zu bringen, desto begreiflicher wird das Bild des zu etwas „völlig anderem" entarteten Käfer-Sohnes.

Die während der Gruppengespräche des weiteren anstehenden Sachpunkte (Stundenblatt Nr. 6, Phase 2, Nr. 3, 7, 8) können nun wieder stärker von den Schülern erarbeitet werden. Es kommt hier vor allem darauf an, die Leitgedanken „Abhängigkeit" und „Schuld" in ihrer Unabdingbarkeit klar vor Augen zu stellen und die Motivvariationen im einzelnen zu untersuchen. Unmittelbare Arbeit am Text ist auch hier notwendig – in welchem Umfang, mag der Lehrer selbst entscheiden –, vor allem auch mit Hinblick auf die Herausarbeitung der „Parallelen" zur

„*Verwandlung*" (Motivübereinstimmung heißt dabei nicht Sinnidentität!).

Für die affektive Situation zwischen Vater und Sohn ist bezeichnend, daß dieser den Grund für den inneren Zwiespalt ausschließlich bei sich selber sucht. Zwar ist er bereit, sein Desinteresse an dem Geschäft des Vaters und dessen „sonstigen Angelegenheiten" ohne weiteres zuzugeben *(„Brief an den Vater",* S. 6 [die folgenden Seitenangaben beziehen sich ebenfalls auf diesen Text]), doch erklärt er seine Teilnahmslosigkeit nicht als verständliche Folge einer andersgearteten Lebenseinstellung oder als zu tolerierende Reaktion auf möglicherweise überzogene väterliche Forderungen – die Nichterfüllung dessen, was der Vater, direkt oder mittelbar, verlangt, gilt ihm, unbesehen und gleichsam a priori, als Versagen, als Schuld. Das Teilhaben des Vaters an dem Mißverhältnis kann zwar als logischer Kausalfaktor nicht bestritten werden, er wird aber gleich zu Beginn ausdrücklich von jeder Schuld ausgenommen (S. 7; vgl. weiter S. 36, 48 usw.). Wohl ist der Brief nicht frei von Kritik an bestimmten Wesenseigenschaften und Verhaltensformen des Familienoberhauptes – dessen „Jähzorn" (S. 10) und „herrisches Temperament" (S. 19) werden gerügt, die Neigung zur „Beschimpfung, Verleumdung, Entwürdigung" (S. 15) des andern wird verurteilt (vgl. auch S. 21, 32), die charakterliche Ambivalenz, die Existenz von Gutem und Schlechtem im Wesen des Vaters wird rational durchaus erkannt (vgl. S. 70) –, doch bleibt die Unterordnung, ja demütige Unterwerfung des Sohnes davon unberührt. Dessen Unselbständigkeit und Ohnmacht sind nicht nur die Folge der „bloßen Körperlichkeit" (S. 12), sondern vor allem auch der „geistigen Oberherrschaft" (S. 13) des Vaters. Dieser ist für den Nachkömmling nicht nur der „so ungeheuer maßgebende Mensch" (S. 17), sondern „das Maß aller Dinge" (S. 12), „die letzte Instanz" (S. 11) schlechthin, alles, was dem Kind von ihm ge-

sagt wurde und was es später nie vergessen hat, war „geradezu Himmelsgebot" (S. 16).

Die Position des Sohnes ist vom Text her ebenso klar zu bezeichnen: Er fühlt sich beherrscht vom „Gefühl der Nichtigkeit" (S. 11), „vollständig wehrlos" (S. 16), unfähig, vor dem Vater denken oder reden zu können (S. 5, 20, 60), ist ohne Selbstvertrauen (S. 22) und „immer auf eine Flucht bedacht" (S. 24). Alle Schuld, als Kind und in späteren Jahren nicht das getan oder erreicht zu haben, was der Vater von ihm erwartete (oder, vielleicht, auch nur hätte erwarten können!), liegt bei ihm (vgl. S. 6, 28, 29, 31, 33, 43, 45, 53, 57, 61, 67 f.). Wenngleich, wie Kafka wohl weiß, diese Inferioritätsgefühle zum Teil auf frühkindliche Erfahrungen zurückzuführen sind – das „Pawlatsche-Erlebnis" (S. 10 f.) spielte hier wohl eine besonders prägende Rolle –, so betont er doch immer wieder, daß sich die Situation zwischen dem Vater und dem erwachsenen Sohn in den entscheidenden Belangen nicht geändert hat (vgl. S. 11, 13 usw.).

Für den Verfasser des *„Briefes an den Vater"* ist die Konsequenz aus allem: sein Verderben, ja sein Tod: Der Vater ist der „Richter" (S. 40), sein Einfluß ist „zuschnürend" (S. 42), gegen Ende klingt das Todesmotiv immer hörbarer an (S. 50, 60, 74). Die Motivparallelen zwischen dem vorliegenden Text und der *„Verwandlung"* beschränken sich allerdings nicht nur auf die Gestalt des überlegenen Vaters und die „Nichtigkeit" des Sohnes. Auch Vergleiche der häuslichen Situation sind möglich und, da beide Texte eine gemeinsame reale Vorlage haben, naheliegend. Daß sogar, wenn die bildhafte Verschlüsselung des literarischen Textes dechiffriert wird, in vielen Fällen eine unmittelbare Bezugsetzung möglich ist, wird den Schülern ohnehin schon deutlich geworden sein. Die folgende Übersicht kann sicher im einzelnen noch ergänzt werden.

51

So wie Gregor zur völligen Sprachlosigkeit verdammt ist, hat auch der Sohn vor seinem Vater „das Reden verlernt" (vgl. S. 20). Die Todesangst vor dem Vater – „ich zerreiße dich wie einen Fisch" –, dessen Drohungen und Versuche, „einen zu fassen" (S. 22 [auf die psychoanalytische Deutung dieser Stelle kommen wir noch zu sprechen]), sind zentrale Motive in der „Verwandlung", und die Rolle der Mutter, die „rettete" (S. 22), „schützte" und Fürbitte einlegte (S. 28), vor dem Vater im ganzen aber doch allzu unselbständig erschien (S. 35), ist hier wie dort die gleiche. Das Gespräch der Eltern über den Sohn in dessen Anwesenheit, ohne daß dieser dabei der Anrede gewürdigt wurde (S. 23), erinnert an ähnliche Passagen in der „Verwandlung" (vgl. z. B. E 94 f.), man denke auch an die Verständigung der Familienmitglieder untereinander durch Gregors Zimmer hindurch. Der Respekt des Herrn Samsa vor dem Prokuristen und die devote Haltung gegenüber den drei Zimmerherren findet die Entsprechung beim „Vater", der sich „leicht … von meist nur scheinbar höherstehenden Personen blenden" ließ (S. 26). Gregor mußte die Schulden des Vaters bei seinem Chef abarbeiten – auch Kafka mußte an anderen Menschen „das … gutmachen, was Du unter meiner Mitverantwortung im Geschäft an ihnen verschuldet hattest" (S. 43), allerdings: „Ich konnte mich nicht plötzlich verwandeln" (ebda.)!

Auch dieser unmittelbare Wortanklang ist ein unüberhörbares Zeichen für die Verwobenheit beider Texte. Schließlich ist es nur konsequent, wenn sich Kafka mit einem „Wurm" vergleicht (S. 50) und der Vater ihn – in Form einer fiktiven Antwort – als „Ungeziefer" (S. 72) bezeichnet, das an ihm „schmarotze" (S. 73). Auch auf Kafkas Selbsteinschätzung als ein „schmutziges Tier" sei in diesem Zusammenhang verwiesen (,,Briefe an Milena". Herausgegeben und mit einem Nachwort versehen von W. Haas. Frankfurt/M. 1952, S. 223 f.).

Nach dem Sammeln der Belege werden die aus allem resultierenden Ergebnisse im Klassengespräch diskutiert (Phase 3). Der knappe, hier nur der Veranschaulichung dienende und darum in seiner bildlichen Darstellung durchaus variationsfähige Tafelanschrieb kann währenddem leicht erstellt werden.

Das Resümee ist nicht schwer zu ziehen: Der Vater als Inkarnation der bürgerlichen Ordnung, als grausamer Tyrann und der über allem erhabene Richter, der Sohn hingegen als minderwertiger Winzling, von Versagensängsten und dauernden Schuldgefühlen geplagt – diese Kontrastierung ist sicher zutreffend (die Übermächtigkeit des Vaters wird durch das Tafelbild illustriert). Allerdings darf sie nicht als allein gültig betrachtet werden, denn neben aller willenlosen Demut und masochistischen Subordination von seiten des Sohnes ist doch bei diesem auch eine gehörige Portion Hochmut, eine aus einer gewissen intellektuellen Überlegenheit geborene kritische Distanz, ja Verachtung des Vaters unmißverständlich spürbar. Aus diesem Teufelskreis von Haß und Unterwerfung, Stolz und Schuld, Hochmut und Demut gibt es keinen Ausweg – indes ist der passivretardierende Aspekt unzweifelhaft dominant.

Ein Vergleich mit der „Verwandlung" liegt hier ebenfalls nahe: Auch dort waren die aggressiven Regungen bei Gregor nicht mehr als eine Schutzmaßnahme, der Versuch einer gewissen Sicherung vor einer allmächtigen Instanz – was schadet's, wenn der Dichter ein klein wenig selbstbewußter zu sein scheint?

Als Hausaufgabe lesen die Schüler die Erzählungen „Das Urteil" (E 23 ff.) und „Heimkehr" (E 320 f.). Beide Texte werden in den nächsten Stunden ausführlich besprochen. Als Gegenpol wird das Gleichnis vom verlorenen Sohn (Lk. 15, 11–32) herangezogen, welches ebenfalls vorbereitet werden soll.

lorenen Sohn (Lk. 15, 11–32); Informationsblatt zum biblischen Text (vgl. Textteil);

Der Lehrer erklärt: Der „Brief an den Vater", als zentrale Interpretationsgrundlage zumindest für alle biographisch ausgerichteten Kafka-Deutungen, bildete die Überleitung von der (zunächst) nur textlich orientierten Analyse zu der nach übergreifenden Sachschwerpunkten aufgebauten Auslegung. – Die Behandlung des „Urteils", die ohne die Kenntnis des biographischen Hintergrundes wenig sinnvoll wäre, ist aufgrund der mit der „Verwandlung" vielfach verbundenen Grundthematik somit ein weiterer Baustein auf dem Weg zu komplexeren hermeneutischen Zusammenhängen (Std. 12–14).

Verlesung von Kafkas Tagebuchnotiz (23. September 1912) zur Abfassung des „Urteils" (vgl. Textteil)

Einige Gesichtspunkte zur Mitarbeit des Lehrers bei den einzelnen Gruppen:

Gruppe 1: Zum Aufbau/Einstieg:
– Frage nach der Kontinuität der geschäftlichen und familiären Verhältnisse
– Aufgabe, die Umschlagspunkte in der Vater/Sohn-Hierarchie nach Ursache und Wirkung hin zu untersuchen
Der morphologische Vergleich bildet den Arbeitsschwerpunkt von Gruppe 1. Die Untersuchung der personalen Bezüge dient sowohl der Klärung der z. T. komplexen Zusammenhänge (Realitätscharakter der Schlußszene, Bedeutung der Mutter) als auch der funktionalen Analyse (ambivalente Rolle der Verlobten, Position des Vaters).

Gruppe 2:
Bei der ersten Aufgabe ist zu unterscheiden zwischen der (eine Zeitlang beibehaltenen) epischen Realität des Petersburger Geschäftsmannes und der bildlich-psychologischen Beziehungsfunktion des „Freundes". Möglicher Einstieg (ggf. erst nach der Skizzierung des „realen" Kontextes):
– die Worte Frieda Brandenfelds: „ ‚Wenn du solche Freunde hast, Georg, hättest du dich überhaupt nicht verloben sollen.' " (E 25)
– die Worte des Vaters: „ ‚Hast du wirklich diesen Freund in Petersburg?' " (E 28)
– „ ‚Aber der Freund ist nun doch nicht verraten! . . . Ich war sein Vertreter hier am Ort.' " (E 30)
– wo beginnt die Existenz des Freundes fragwürdig zu werden?
Zur zweiten Aufgabe: Der Vater sperrt sich gegen die Verbindung des Sohnes:
– aus egoistischen Gründen
– er hält dessen Motive nicht für ausreichend
– er findet die Ausgewählte ungeeignet
In der nächsten Phase ist dieses Schema von den Fakten her zu verifizieren.

Stundenblatt Nr. 7 A (R)	*Vertiefende Deutung der Vater/S(*
Phase 3: Auswertung der Gruppenarbeit Auflistung der Arbeitsergebnisse in Form von Tafelanschrieben	<u>Klassengespräch</u> Wegen der Differenziertheit der Ein- zelanalysen sollte hier der Lehrer die Diskussionsleitung übernehmen <u>Lehrer/Schüler-Kooperation</u> in der Gesprächsführung (fakultativ) bei der Ergebnissicherung für Gruppe 3 <u>Tafelanschriebe</u> (I–III)(vgl. S. 20–21)
Phase 4: (Phase 4–6 fakultativ) Vergleich der Erzählung „Heimkehr" (E 32Of.) – als der „symptomatischen" Fassung vom Kafkaschen Thema des heimatlosen Ankömmlings – mit dem Gleichnis vom verlorenen Sohn (Lk. 15, 11–32)	<u>Textlektüre</u> <u>Einzel- oder Partnerarbeit</u> (zuvor Verteilen eines Informations- blattes zum biblischen Text)

Gruppe 3:

Die Arbeit dieser Gruppe hat, vom Inhaltlichen her gesehen, eine resümierende wie auch differenzierende Funktion, in der (auch verbal ausgeführten) Erstellung eines Tafelanschriebs zeigt sich der kreativ-didaktische Aspekt. Dieser Tafelanschrieb soll, unbeschadet mancher Unterschiede i.e., die dominierenden episch-biographischen Motive verdeutlichen.

Die Schüler sollen erkennen:
- die Machtpositionen von Sohn und Vater stehen in einer unmittelbaren Wechselwirkung zueinander
- der Grad der Abhängigkeit wird von Phase zu Phase gesteigert
- die Namen von Kafkas Personen wurzeln im Biographischen (vgl. Tafelanschrieb II)
- die Frauenfiguren (Mutter, Verlobte) stehen im Zentrum des Vater/Sohn-Konflikts

- die Aufhebung der Identitätsstruktur als personale Gestaltung zweier Bewußtseinsebenen
- die Bedeutung des Freundes als eines Mediums der Gemeinsamkeiten, aber auch des Konflikts zwischen Vater und Sohn
- das noch stärkere Hervortreten der biographischen Bezüge gegenüber der „Verwandlung"

- die zentralen Ausgangsmotive „Familiensituation" und „Generationenkonflikt" (bei zahlreichen Variationen i.e.)
- eine gewisse Themenkonstanz als integraler Interpretationsansatz für Kafkas Erzählungen
- die häufige Verarbeitung von realen Problemsituationen zu epischer Wirklichkeit im Sinn eines Urbild/Abbild-Verhältnisses

Tafelanschrieb I und II werden vom Lehrer dem Diskussionsverlauf entsprechend gefertigt. Tafelanschrieb III wird von einem Schüler der Gruppe 3, in Abstimmung mit dem Diskussionsleiter, teils referierend, teils als Gesprächsergebnis des Plenums, hergestellt.

In dieser dem „Feedback" dienenden Unterrichtsphase soll die Dominanz des Vater/Sohn-Konflikts, variiert durch die „Fremde/Heimat-Motivik" und kontrastiert mit dem biblischen Gleichnis, den Schülern noch einmal als wesentliches hermeneutisches Regulativ vor Augen geführt werden.

Die kontrastive Struktur beider Texte ist ohne Schwierigkeiten erkennbar, die Mitarbeit des Lehrers beschränkt sich auf strukturelle Hinweise.

Stundenblatt Nr. 7 A	Vertiefende Deutung der Vater.

Materialien und Medien: F. Kafka, „Das Urteil"; „Heimkehr"; Das Gleichnis vom vel Tafelanschriebe

Phase 1: Kurze Begründung des inhaltlich-methodischen Vorgehens Kafkas eigene Stellungnahme zum „Urteil" (Auszug)	Lehrervortrag
Phase 2: Arbeitsteilige Analyse des „Urteils": – Aufschlüsselung der personalen Bezugskomponenten – Vergleich mit der „Verwandlung" – Rekonstruktion der biographischen Grundlagen	Gruppenarbeit/Leitfragen: Gruppe 1: Vergleichen Sie „Die Verwandlung" und „Das Urteil" nach strukturalistischen Gesichtspunkten (Aufbau, Personenkonstellation, Namenssymbolik)! Gruppe 2: Analysieren Sie die Gestalt des Freundes a) als Einzelfigur b) in ihrer Relation zu dem alten Bendemann, zu Georg und zu Frieda Brandenfeld! Versuchen Sie eine Rekonstruktion des biographischen Hintergrundes! Gruppe 3: Diskutieren Sie die inhaltlichen Gemeinsamkeiten und Unterschiede zwischen dem „Urteil" und der „Verwandlung" unter Berücksichtigung des „Briefes an den Vater"! Erarbeiten Sie einen Tafelanschrieb!

Der dialektische Bezug beider Texte läßt sich durch einen Vergleich von Motiven der Häuslichkeit und Geborgenheit bzw. der (äußeren) Ferne und (inneren) Distanz noch stärker erhellen. Fehlen bzw. Überfluß von Liebe und Fürsorge ist interpretatorisches Leitprinzip.
Der Tafelanschrieb erfolgt entweder parallel zum Gesprächsfortschritt oder als veranschaulichendes Resümée am Ende der Diskussion.

Informationsgrundlagen, über die der Referent verfügen sollte:
- Wagenbachs Kafka-Monographie (rm 91; vgl. S. 123–126)
- Binder, „Kafka-Handbuch". Bd. I (vgl. S. 547–553)
- Kafkas „Briefe an Milena" (Fischer Taschenbuch 756)

Das Referat soll
- die Problematik einer erotischen Partnerschaft bei Kafka an einem herausragenden Einzelbeispiel aufzeigen
- den biographischen Stellenwert der Erzählung „Heimkehr" als den Beginn einer neuen schöpferischen Phase des – nach dem Bruch mit Milena – von neuem heimatlos gewordenen Dichters erläutern
- Einblick geben in die seelischen Empfindungsschichten des Briefschreibers Kafka

 hrieb I

	Zweiter Wendepunkt	Phase 3
	väterliches Todesurteil ⟶ Georgs Selbstexekution	
	Gregors Verwandlung und Tod	
	(= zweite Umkehrung der Machtverhältnisse)	
erhaupt		Vater: Wiedererstarken
Position		Sohn: Tod

```
G  E  O  R  G
F  R  A  N  Z
─────────────
B  Ⓔ  N  D  Ⓔ  (mann)
S  Ⓐ  M  S  Ⓐ
K  Ⓐ  F  K  Ⓐ
```

„Das Urteil"

Der alte Vater wird vernachlässigt

Geheimes Verlangen des Sohnes nach dem Tod des Vaters   Der Vater als Ba
                              der Erotik
                      Verlobung ←

Der Vater als psychisches Korrektiv des Gewissens   Der Vater als ob
(——→ zwanghaftes Verhalten des Sohnes)   Richter

                                       Der Sohn stirbt
                                       Gedenken an d

                  Selbsthinrichtung ←——— Tod des Sohne
                                       Verstoßung dur

Die Mutter als mögliche Kontrahentin des Vaters   Steigerung des

ins Groteske (Wirklichkeitscharakter bleibt gewahrt) ←

Kafka

                                   Gleich-   De
                                   gültigkeit

▶ „Heimkehr" in die Fremde ——→   Abweisung ———

    äußere Nähe ——→ innere Ferne   Kälte

itsblätter); F. Kafka, „Der Schlag ans Hoftor"; Videoband: Verfilmung der

Eine (nicht zu knappe) Hinführung zu den Themen der kommenden Sequenz ist unerläßlich. Sie soll – unter Hinweis auf die Bezugsfelder Mythos – Psychoanalyse – Religion – :
– den Vater/Sohn-Konflikt als eine im Menschsein verankerte mögliche Grundsituation erklären
– darauf verweisen, daß Kafka der überindividuelle Charakter der Art seiner Vaterbeziehung bewußt war
– feststellen, daß mit den zu diskutierenden Interpretationsmodellen die Möglichkeiten und Grenzen der Kafka-Forschung sichtbar werden

Die Leitgedanken dieser Hinführung sind zugleich Arbeitsrichtlinien der nachfolgenden Unterrichtsphasen.

Warnen muß der Lehrer
– vor dem Versuch, die Erzählungen und Romane Kafkas als bewußt chiffrierte Texte zu verstehen, die nach einem festen Bezugsmuster aufgelöst werden könnten
– vor der Annahme einer detailfixierten Verbindlichkeit der Auslegungen, somit auch
– vor der Festlegung auf nur eine Erklärungsform

In den folgenden Phasen der Berichterstattung gibt der Lehrer jeweils eine kurze sachliche Einführung.

Die Schüler lesen den Textauszug aus Hesiods „Theogonie" (Kronos entmannt seinen Vater Uranos). Anschließend informiert die Arbeitsgruppe 1
– über die traditionsgeschichtlichen Zusammenhänge (z. B. nach R. v. Ranke-Graves, „Griechische Mythologie", rde 113/114; H. Hunger, „Lexikon der griechischen und römischen Mythologie", rororo 6178)
– über die ätiologische Wesensform des Mythos (z. B. nach G. Wilpert, „Sachwörterbuch der Literatur"); ergänzend werden an dieser Stelle die Zeitverhältnisse (von der Entstehung des Mythos bis zur Gegenwart) in einem Tafelanschrieb (TA I) veranschaulicht
– über die Kapitel „Die Inzestscheu" und „Die infantile Wiederkehr des Totemismus" aus Sigmund Freuds Schrift „Totem und Tabu". Dabei sollten folgende Faktoren angesprochen werden:
⟶ die Bedeutung des Totemtieres in seiner Ersatzfunktion für den Vater
⟶ die imaginative Abhängigkeit des individuellen Gottesbildes vom Verhältnis des einzelnen zu seinem Vater
⟶ die These, daß das vom Inzestverlangen zu den Eltern beherrschte Verhältnis als der Kernkomplex der Neurose zu gelten habe

Stundenblatt Nr. 8 A (R)	Erarbeitung verschiedener Inter… Mythos – Psychoanalyse – Reli…
Phase 3: Klärung von (evtl. noch vorhandenen) Verstehensschwierigkeiten Diskussion über den Inhalt des Referats	Freies Gespräch (Referenten als Diskussionsleiter)
Phase 4: Der psychoanalytische Ansatz (II): Verdeutlichung des Zusammenhangs „Ödipuskomplex – Vaterbezug – Über-Ich – Schuldgefühle" (nach S. Freud)	Textlektüre Berichterstattung der Arbeitsgruppe 2 (Schülerreferate) Klassengespräch zur Texterschließung Tafelanschrieb II
Phase 5: Anwendung der Ergebnisse der Psychoanalyse auf Kafka und die Gestalten seiner Erzählungen (selektiv) Information über Kafkas Freud-Kenntnisse	Freies Gespräch
Phase 6 (fakultativ): Aufzeigen der Schuldproblematik am Beispiel einer weiteren Erzählung: „Der Schlag ans Hoftor" (E 299 f.)	Textlektüre Klassengespräch

Der Lehrer informiert (nach Binder, „Kafka-Handbuch". Bd. I, S. 435ff., 491ff.) über Kafkas Stellung zum Judentum und zur Religion allgemein. Dabei muß berücksichtigt werden, daß eine einheitliche Beurteilung (auch im weiteren Sinne hinsichtlich des Werkes) wegen der nicht immer gleichen Ansichten Kafkas kaum möglich ist. Dennoch bleibt festzuhalten:
– Kafka verkehrte wohl hauptsächlich in jüdischen Kreisen, aber
– ein tiefer Bezug zum Glauben und Ritus der Juden war ihm fremd
– eine persönliche Religiosität ist gleichwohl nicht auszuschließen
– eine grundsätzliche Kenntnis der jüdischen Theologie, auch des Alten Testaments, darf man bei Kafka voraussetzen

Die sich anschließenden Schülerreferate (z.B. nach „Die Religion in Geschichte und Gegenwart". Bd. II, Sp. 1705ff. [„Gott in Israel"]; Bd. VI, Sp. 1232ff. [„Vatername Gottes"]; bei Verständnisschwierigkeiten greift der Lehrer klärend ein) sollten folgende Gesichtspunkte enthalten:
– die religionsgeschichtlich nicht seltene Relation von Gott und Mensch im Sinne eines Vater/Kind-Verhältnisses
– die Vorstellung von der Vaterschaft Gottes in Israel
– die Besonderheit des Jahwegottes (seine Leidenschaft, sein Eifer, seine Intoleranz)
– die Einheit von Glaube und Ethos (Jahwe: Schutz und Fürsorge, aber auch Anspruch und Dienst)
– die Bündnissituation des Volkes und des einzelnen
   (⎯⎯→ Verpflichtung/Lohn
   ⎯⎯→ Verschuldung/Strafe)
– die Geschichtstheologie der alttestamentlichen Prophetie

Auch hier ist der Transfer zu verbalisieren, was allerdings im Vergleich zum psychoanalytischen Ansatz leichter fällt.

Verbindungen ergeben sich hinsichtlich
– der Strenge und Unberechenbarkeit einer jenseitigen Macht
– der Furcht vor Vergeltung und Strafe
– der Häufigkeit – bzw., bei Kafka, des alleinigen Vorhandenseins – des Heimgesuchtwerdens und Ausgeliefertseins des Menschen (im Vergleich zur Geborgenheit in göttlicher Liebe und Gnade)

Stundenblatt Nr. 8 B (R)	Erarbeitung verschiedener Inter Mythos – Psychoanalyse – Relig
Phase 9: Zusammenfassung, Aufarbeitung und vertiefende Weiterführung des Gehörten	Freies Gespräch

Dunkel der
Überlieferung

erstmalige
Bezeugung des
Traditionsträgers

.... (vorwiegend)
mündliche ....➤
Tradition

mündliche und
schriftliche ————
Weitergabe

3500	3000	2500	2000	1500	1000

Churriter   Hes

Vater ————

│
▼

Kastrations-
angst

Länge und Ausführlichkeit dieser Schlußphase hängen ab vom jeweiligen Unterrichtsverlauf, von der Verstehensfähigkeit der Klasse und dem Wunsch nach einer ausführlichen gemeinsamen Nachbereitung (hierfür kann durchaus eine weitere Stunde vorgesehen werden).

Auch wenn der Lehrer an die einzelnen Vortragsphasen eine eingehendere Diskussion angeschlossen hat, ist ein zusammenfassender Rückblick am Ende ratsam. Hier kann dann nochmals auf die hermeneutische Grundproblematik verwiesen werden.

Einen guten Abschluß bildet auf jeden Fall die Video-Vorführung der „Verwandlung" (Fernsehfassung; 30. 10. 75/ZDF).

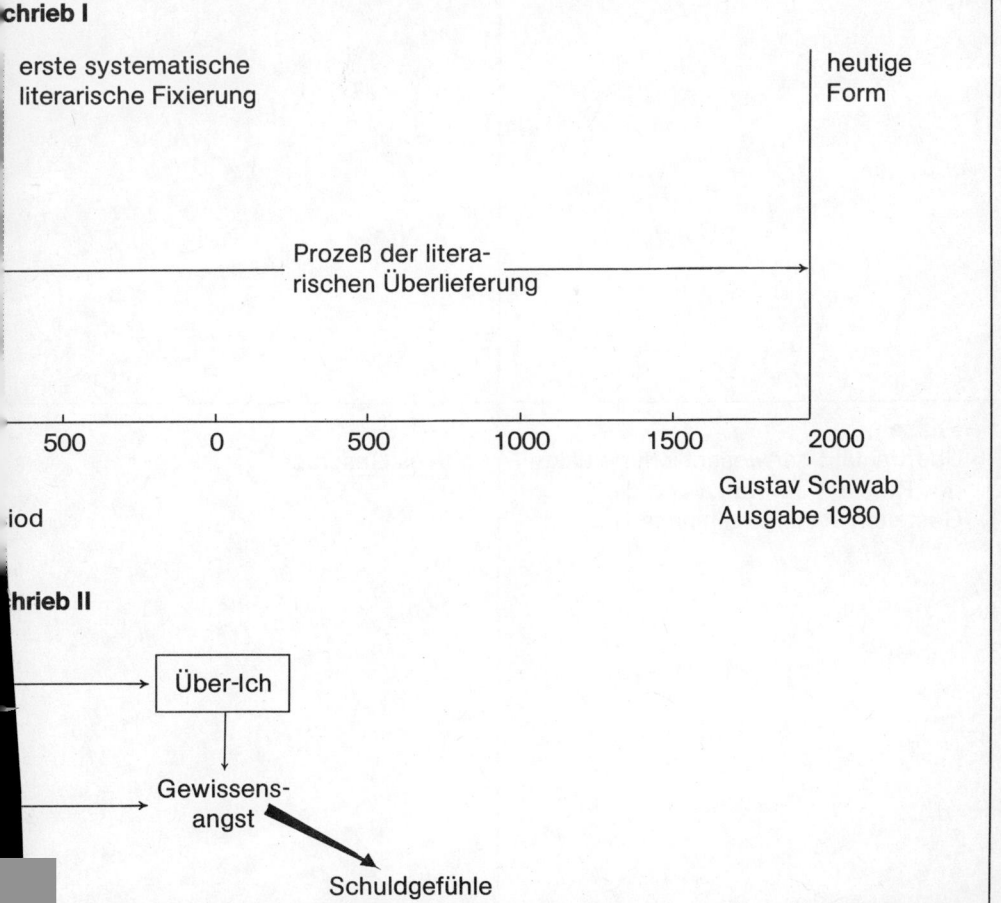

chrieb I

erste systematische
literarische Fixierung

heutige
Form

Prozeß der literarischen Überlieferung

500   0   500   1000   1500   2000

Gustav Schwab
Ausgabe 1980

iod

hrieb II

Über-Ich

Gewissensangst

Schuldgefühle

Phase 7:

Kafkas Verhältnis zum Judentum

Der theologische Ansatz

Lehrervortrag

Berichterstattung der Arbeitsgruppe 3
(Schülerreferate)

Phase 8:

Übertragung der wesentlichen Punkte
des Referats auf Kafka und die
Gestalten seiner Erzählungen

Freies Gespräch

Nicht verstandene Sachinhalte sollten am Ende und nicht während der Bericht-erstattung zur Sprache gebracht werden.

Eine weiterführende Diskussion kann auch nach Phase 6 stattfinden. Sie sollte aber, falls der Wunsch danach bei den Schülern schon jetzt besteht, vom Lehrer nicht abgeblockt werden.

Nach der erfolgten Textlektüre einzelner Abschnitte aus Schriften Sigmund Freuds präzisieren die Referenten, ggf. als Ergebnis klärender Fragen, die hier wichtigen Sachpunkte:
- Vaterhaß als Folge der Zuneigung des Knaben zur Mutter
- Kastrationsangst (der übermächtige Vater-Rivale!)
- Entstehen des Über-Ichs mit vaterbezogener Profilierung
- Fortsetzung der infantilen psychischen Struktur beim Erwachsenen
  ($\longrightarrow$ Gewissen $\longrightarrow$ Schuld)

Während des Gruppenreferats wird ein knapper Tafelanschrieb (TA II) gefertigt.

Der Lehrer weist eingangs darauf hin, daß das notwendige Plenumsgespräch schon aus stofflichen Gründen fragmentarisch bleiben muß.

Folgende Einzelpunkte können (beispielhaft) zur Sprache gebracht werden:
- die Möglichkeit der unmittelbaren „Anwendung" von Freuds Lehre auf Texte Kafkas
- das Motiv der Kastrationsangst in der „Verwandlung" (vgl. E 84 f.)
- der Rückverweis auf die enge Bindung des Gewissens an „vaterbestimmte" Über-Ich-Instanzen und Maximen und die bei ihrer Verletzung auftretende Schuldneurose im „Brief an den Vater" (vgl. Stundenblatt Nr. 6)
- die hermeneutische Schlüssigkeit (nicht Singularität!) der psychoanalytischen Deutungsmethode bezüglich des Vater/Sohn-Konfliktes
- die direkte Kenntnis von Freuds Schriften bei Kafka (Tagebucheintrag vom 23. September 1912)

Die Disproportion der Faktoren „Vergehen" – „Schuld" wird sichtbar als Steige-rung bis hin zum Grotesken. Damit ergänzen sich hier Feedback und thematische Erweiterung.

Materialien und Medien: Hesiod, „Theogonie"; S. Freud, Werkauszüge (jeweils Arbe
„Verwandlung" (30. 10. 75/ZDF); Tafelanschriebe

Phase 1: Überblick über den geplanten Verlauf der folgenden Stunden Erläuterung der hermeneutischen Zusammenhänge	Lehrervortrag Klassengespräch
Phase 2: Der mythologische Ansatz Der psychoanalytische Ansatz (I): Aufzeigen der Verbindung von Totemkult und Vaterbezug nach Sigmund Freud	Textlektüre Berichterstattung der Arbeitsgruppe 1 (Schülerreferate) Tafelanschrieb I

hrieb II

```
F  R  I  E  D  A
F  E  L  I  C  E
```

 randen<u>feld</u>

 <u>auer</u>

hrieb III

> „Die Verwandlung"

Der alte Vater wird umsorgt

re ⟶ Inzestverlangen

er
c

bendem
ern

Folge der ⟶ langsames Hinsterben
n Vater

Die Mutter als Handlangerin des Vaters

en ⟶ ins Unreale (Wirklichkeitscharakter bleibt nicht gewahrt)

ieb IV

ob

ge rs

> Lukasevangelium

Erbarmen

Freude ⟵ Heimkehr in die Geborgenheit

gütige
Aufnahme   innere Nähe ⟵ äußere Ferne

Stundenblatt Nr. 7 B	Vertiefende Deutung der Vater/
Phase 5: Ergebnissicherung	Freies Gespräch (Schüler als Diskussionsleiter möglich) Tafelanschrieb IV
Phase 6: Die Erzählung „Heimkehr" in „funktional"-biographischer Sicht Kafkas Beziehung zu Milena Jesenská	Schülerreferat

Tafelan

| Phase 1 | (Vorgeschichte) | Erster Wendepunkt | Phase 2 |

Erster Wendepunkt

Tod der Mutter
(„Das Urteil")

geschäftlicher Zusammenbruch

(= erste Umkehrung der Machtverhältnisse)

Vater: starke Stellung

Sohn: berufliche Schwäche

Sohn: Familie

Vater: abhäng

10./11. Stunde:
Vertiefende Deutung der Vater/Sohn-Problematik/
„Das Urteil"; „Heimkehr"

Der Lehrer kann zu Beginn dieser Doppelstunde (für die zu behandelnden Themen stellt sie das zeitliche Minimum dar, bei weniger aufnahmebereiten Klassen sollten mehrere Stunden angesetzt werden) den methodisch-inhaltlichen Gesamtzusammenhang noch einmal verdeutlichen *(Phase 1)*: Bei der *„Verwandlung"* war, aufgrund der Differenziertheit von Aufbau, personalen Bezügen und seelischen Empfindungsstrukturen, eine genaue Textanalyse notwendig. Durch die Besprechung des *„Briefes an den Vater"* wurde für die Retro-, aber auch und vor allem für die Prospektive die wesentliche Deutungsgrundlage gegeben. Damit liegt für *„Das Urteil"* die primäre Interpretationsebene fest – ohne den Einbezug des biographischen Hintergrundes ist eine letztlich schlüssige Deutung dieser kurzen Erzählung kaum denkbar. Eine solch detaillierte Analyse wie bei der *„Verwandlung"* ist hier nicht nötig und wohl auch nicht möglich, andererseits bereichert und ergänzt das Erscheinungsbild des Vater/Sohn-Konfliktes im *„Urteil"* die Reihe der – später zu diskutierenden – außerbiographischen und überliterarischen Sinngebungen. Die im folgenden an zentraler Stelle stehende Gruppenarbeit baut auf den Erkenntnissen der vorangegangenen Stunden auf.

Es wird nicht ohne Eindruck bleiben, wenn der Lehrer die (knapp eine Druckseite umfassende) Tagebucheintragung Kafkas vom 23. September 1912 vorliest, in welcher der Entstehungsprozeß des *„Urteils"* kommentiert wird. Bekanntlich hat Kafka die Erzählung „von zehn Uhr abends bis sechs Uhr früh in einem Zug geschrieben" und eine „fürchterliche Anstrengung und Freude" bei ihrer Entwicklung empfunden. „*Nur so* kann geschrieben werden, nur in einem solchen Zusammenhang, mit solcher vollständigen Öffnung des Leibes und der Seele." (Hervorhebung im Text) Die Exaltiertheit des Autors über diesen literarisch so „fruchtbaren Moment", seine vom Gefühl der Inspiration getragene Hochstimmung lassen an der Lauterkeit des eigenen Engagements, an der Unmittelbarkeit des seelischen Betroffenseins keinen Zweifel.

Die thematische Verbundenheit zwischen der *„Verwandlung"* und dem *„Urteil"* (ihre Abfassungszeiten liegen nur etwa zwei Monate auseinander), die schon auf den ersten Blick deutlich wird, kommt auch in einer bemerkenswerten Parallelität des Aufbaus zum Ausdruck, die in der sich anschließenden Gruppenarbeit *(Phase 2)* herausgestellt werden soll (zum Inhaltlichen vgl. Tafelanschrieb I [s. u.]).

Gruppe 1 bekommt die Aufgabe, in beiden Erzählungen die wechselnden Machtverhältnisse zwischen Vater und Sohn zu untersuchen, wobei hier geschäftlicher Erfolg und Stellung in der Familie eng aneinander gekoppelt sind. Der Lehrer präzisiert die gestellte Aufgabe und ermöglicht den direkten Einstieg, indem er (arbeitsteilig) aus beiden Texten solche Stellen heraussuchen läßt, die eine starke oder schwache Position von Sohn bzw. Vater erkennen lassen. Die den Erzählungen jeweils vorangehende, aus dem Text direkt erschließbare Vorgeschichte zeigt, daß der Sohn in früheren Zeiten der beruflichen Gewandtheit des Vaters nichts Gleichwertiges entgegenzusetzen hatte. Besonders deutlich wird dies im *„Urteil"* (vgl. E 24), doch auch in der *„Verwandlung"* ist die Situation eindeutig: Vor dem Zusammenbruch des väterlichen Geschäfts war Gregor nur ein „kleiner Kommis" (E 75). Nach dem Fiasko war er „fast über Nacht ... ein Reisender geworden, der natürlich ganz andere Möglichkeiten des Geldverdienens hatte" (ebda.). Erfolgte die erste Veränderung in der Familienhierarchie in der „*Verwandlung*" durch den beruflichen Bankrott des Vaters, so wird sie im „*Urteil*" hervorgerufen durch den Tod der Frau Bendemann, der den Vater „zurückhaltender" werden ließ (E 24) und ihn „viel mehr niedergeschlagen" hat als den Sohn. Der Vater gerät in beiden Erzählungen in eine abhängige Position, der Sohn ist das Familienoberhaupt bzw. der Dominierende in der „gemeinsamen Wirtschaft".

Doch nun tritt ein erneuter Wandel ein. Die Art der Beziehung zwischen Vater und Sohn wird, in Form der klimaktischen Reprise, erneut korrigiert; das zwischenzeitliche Emporkommen des Sohnes erscheint als nebensächliche Episode, die ursprünglichen Machtverhältnisse werden, nunmehr endgültig, wiederhergestellt: Gregor verwandelt sich in ein Ungeziefer, wird ausgestoßen und stirbt, Georg Bendemann empfängt das väterliche Todesurteil und vollzieht die Selbstexekution. Der Tod der Söhne gibt den Vätern gleichsam ihre frühere Kraft zurück: Der alte Samsa, eben noch ein infantiler Greis, vor dem physischen Zerfall stehend, erstarkt zusehends (Uniform!) und geht sogar wieder einer beruflichen Tätigkeit nach. Und der alte Bendemann, dessen „noch immer" riesenhafte Gestalt dem Sohn erst jetzt, kurz vor dem eigenen Tod, so recht ins Bewußtsein zu dringen scheint (vgl. E 26), ja sich zum „Schreckbild" (E 30) entwickelt, konstatiert die wahre Situation der Abhängigkeit mit dem knappen Satz: „Ich bin noch immer der viel Stärkere." (E 31)

Was die Namenssymbolik anbelangt, so sind die wechselseitigen Bezüge innerhalb der Personennamen und ihre verschlüsselte Hinweisstruktur von den Schülern selbst leicht nachzuvollziehen. Kafkas eigene Erklärung (Tagebuchnotiz vom 11. Februar 1913) kann der Lehrer hier – oder erst bei der Auswertung der Gruppenarbeit – verlesen:

„Georg hat so viel Buchstaben wie Franz. In Bendemann ist ‚mann' nur eine für alle noch unbekannten Möglichkeiten der Geschichte vorgenommene Verstärkung von ‚Bende'. Bende aber hat ebenso viele Buchstaben wie Kafka und der Vokal e wiederholt sich an den gleichen Stellen wie der Vokal a in Kafka.
Frieda hat ebensoviel Buchstaben wie F.[élice] und den gleichen Anfangsbuchstaben, Brandenfeld hat den gleichen Anfangsbuchstaben wie B.]auer] und durch das Wort ‚Feld' auch in der Bedeutung eine gewisse Beziehung."

Arbeitsthema der *Gruppe 2* ist die Analyse der Rolle des Freundes. Als Einstiegsmöglichkeiten in das Gespräch sind im Stundenblatt einige Vorschläge formuliert, gleichwohl ist die gestellte Aufgabe sehr schwierig und kaum eindeutig zu lösen. Denn auch hier zeigt sich wiederum die für Kafka typische Struktur der konkret-realen und gleichzeitig „bildlichen" Erzählform; um dies zu verdeutlichen, ist die Figur des Freundes als eine Art morphologisches Paradigma in didaktischer Hinsicht zweifellos ein gutes Beispiel. Vor oder auch im Verlauf der Diskussion kann der Lehrer aus einem Brief Kafkas an Félice Bauer einen „authentischen" Kommentar zu diesem Petersburger Freund mitteilen – („Die wechselnde Gestalt des Freundes ist vielleicht der perspektivische Wechsel der Beziehung zwischen Vater und Sohn. Sicher bin ich dessen aber auch nicht" [zitiert nach Binder, „*Kafka-Kommentar zu sämtlichen Erzählungen*", S.123 f.]) –, ohne dabei allerdings Kafkas eigene „Unsicherheit" als Anreiz zur Aporie weiterzugeben. Er wird vielmehr eher die Frage nach der Verbindlichkeit dieser Äußerung stellen und eine Antwort anstreben, die einerseits auf eine vom Autor gewünschte Nichtfestlegbarkeit abzielt, die damit aber auch andererseits die Möglichkeit der Mehrdeutigkeit offenläßt. Die genannten Alternativen zur Gesprächseröffnung bzw. -vertiefung sollten entweder mit einer Skizzierung der Gestalt des Freundes, soweit diese als konkrete epische Figuration faßbar ist, einhergehen oder erst nach der umrißhaften Zeichnung seiner Lebensumstände formuliert werden. Bald wird offenkundig sein, daß die reale Existenz des Freundes keinesfalls eindeutig gegeben ist, nicht nur aus den Worten des Vaters („Hast du wirklich diesen Freund in Petersburg?" E 28), sondern auch aufgrund der Reaktion des Sohnes („Georg stand verlegen auf. ‚Lassen wir meine Freunde sein…'" ebda.). Weiter stellt der Lehrer die Frage nach der Art der Beziehung, die sowohl der Vater als auch Georgs Verlobte zu diesem Freund haben. Nun ergibt sich aus der Tatsache, daß zum einen eine direkte Affinität zwischen dem Vater und dem Freund existiert (vgl. E 31), daß zum andern die Reaktion Friedas mißtrauisch und abweisend ist („‚Wenn du solche Freunde hast, Georg, hättest du dich überhaupt nicht verloben sollen'" E 25) und, schließlich, zum dritten die Ablehnung von Georgs Verlobung durch den Vater unmittelbar einhergeht mit dem Vorwurf, er, Georg, habe „den Freund verraten und [den] Vater ins Bett gesteckt" (E 30), die logische Schlußfolgerung, daß der Freund als ein Wesenskorrelat des Vaters, ja als eine Inkarnation des Vaterprinzips gesehen werden muß. Ob und wieweit seine leibhaftige Existenz in Petersburg gegeben ist, spielt eine vergleichsweise geringe Rolle angesichts seiner Funktion als Beziehungsträger.

Ist der Lehrer mit der Arbeit in dieser Gruppe bis dahin fortgeschritten, sollte er die Schüler mit einem weiteren Kommentar Kafkas – er ist ein wenig aufschlußreicher als der vorige – zu der Freundesgestalt vertraut machen. In der schon erwähnten Tagebucheintragung vom 11. Februar 1913 vermerkt Kafka:

„Der Freund ist die Verbindung zwischen Vater und Sohn, er ist ihre größte Gemeinsamkeit. …Die Entwicklung der Geschichte zeigt…, wie aus dem Gemeinsamen, dem Freund, der Vater hervorsteigt und sich als Gegensatz Georg gegenüber aufstellt … die Braut, die in der Geschichte nur durch die Beziehung zum Freund, also zum Gemeinsamen, lebt, und die, da eben noch nicht Hochzeit war, in den Blutkreis, der sich um Vater und Sohn zieht, nicht eintreten kann, wird vom Vater leicht vertrieben. Das Gemeinsame ist alles um den Vater aufgetürmt, Georg fühlt es nur als Fremdes, Selbständig-Gewordenes, von ihm niemals genug Beschütztes…"

Der dritte Schritt in der Erarbeitung der komplexen, aber entscheidenden Zusammenhänge wird nun weithin von den Schülern vollzogen, vom Lehrer modifiziert und ergänzt. Es gilt, eine Assoziationskette zu bilden zu den Eigenschaften und Verhaltensweisen, welche die genannten Personen repräsentieren bzw., in bildhaft-realer Vergegenwärtigung, dokumentieren: Die Beziehungsfunktion des Freundes soll verbalisiert werden, die Ergebnisse sind, sodann, in den biographischen Kontext zu stellen. Da die Schüler inzwischen über Kafkas Lebensumstände und seine psychischen Konflikte – im gegebenen Rahmen – relativ gründlich unterrichtet sind, werden die Gemeinsamkeiten zwischen diesem Bereich und seiner erzählerischen Fiktion ohne große Mühe hergestellt werden können: Angesichts der Verlobung des Sohnes drohen dessen Bindungen zum Vater – die geschäftlichen wie die persönlichen – zu zerbrechen. Innerlich hatten sie sich schon lange voneinander entfernt, auch hatte der Sohn das, was ihn mit dem Vater verband (was ihn aber, andererseits, auch am Selbständigwerden hinderte), aus dem unmittelbaren Betroffensein zu verbannen versucht. Ihre zunehmende affektiv-emotionale Distanz spiegelt sich in dem Entferntsein dessen, was beiden gemeinsam ist (im Text also in dem räumlichen Rückzug des Freundes nach Petersburg), wiewohl eine Verbundenheit durch das Zusammenleben in der gemeinsamen Wohnung nach außen weiterhin dokumentiert wird (vgl. Kafkas langes Verharren in der seit je gewohnten Familiensituation). Eine endgültige, gar eheliche Bindung des Sohnes liefe den egoistischen Ansprüchen des Vaters wie den Interessen der

Firma strikt zuwider, der Nachkomme wäre nicht mehr verfügbar, es gilt, sein Abgleiten aus der väterlichen Machtsphäre mit allen Mitteln zu verhindern. Und da dieser nicht gutwillig das Anrecht des Älteren anzuerkennen bereit ist, kann nur die rohe psychische Gewalt – man denke an Kafkas Selbstmordpläne oder auch an die Einwände des Vaters gegen seine Verbindung mit Julie Wohryzek – (die physischen Konsequenzen werden sich schon einstellen) weiterhelfen: Der Sohn zerbricht, hier wie dort, unter dem väterlichen Verdikt.

Gruppe 3 hat die Aufgabe bekommen, „*Das Urteil*" und „*Die Verwandlung*" miteinander zu vergleichen. Inhaltlich geht es hier mehr um ein Resümieren als um das Entdecken neuer Elemente, in methodischer Hinsicht allerdings ist Kreativität verlangt. Der Lehrer kann also die Besetzung der Arbeitsgruppen den verschiedenartigen Ansprüchen gemäß auswählen. Denn der Tafelanschrieb (zu inhaltlichen Einzelheiten s. d.) soll nicht nur sachlich erarbeitet, sondern auch begrifflich ausformuliert und konstruktiv gestaltet werden (denkbares Schaubild: Tafelanschrieb III), darüber hinaus geht es auch hier um die Dokumentation der biographischen Zusammenhänge (s. o.).

Im nachfolgenden Unterrichtsabschnitt *(Phase 3)* – er steht im Mittelpunkt dieser Doppelstunde und kann bei entsprechender Ausweitung der Sequenz durchaus einen längeren Zeitraum beanspruchen – ist die Bewältigung des Stoffes (die Thematik zweier Erzählungen, der biographische Kontext) nicht ganz anspruchslos (im vorigen wurde ausführlich auf die inneren Zusammenhänge eingegangen). Die Gesprächsleitung übernimmt, angesichts der sachlichen Komplexität, der Lehrer, doch ist, zum gegebenen Zeitpunkt, eine Zusammenarbeit mit dem „Spiritus rector" der Gruppe 3 hinsichtlich der Gestaltung des Tafelanschriebs unbe-

dingt notwendig. Schließlich kann es nicht schaden, wenn der Lehrer die Resultate dieses Gesprächs so formuliert bzw. zum Ausdruck kommen läßt, daß nicht nur die Sinnfälligkeit des „*Urteils*" und der „*Verwandlung*" so klar wie möglich in Erscheinung tritt, sondern, darüber hinaus, auch ein größerer, allgemeinerer Teil des fast schon kafkaesk anmutenden Kafkaschen Deutungslabyrinths erhellt wird.

Es bleibt dem Lehrer freigestellt, *Phase 4–6* aus dem Stundenblatt durchzuführen. Zwar ist dieser Abschnitt für das Verständnis des „*Urteils*" und der „*Verwandlung*" nicht unmittelbar wichtig, doch sollte er, wenn es zeitlich vertretbar ist, nach Möglichkeit im Unterricht realisiert werden. Denn zum einen wird in diesem Unterrichtsabschnitt neben dem Vater/Sohn-Konflikt ein eng damit zusammenhängender und bei Kafka ebenso zentraler Erzählgegenstand, die „Fremde/Heimat-Motivik" – „das Kafkasche Dauerthema der mißlingenden Ankunft" (Binder, „*Kafka-Handbuch*". Bd. II, S. 361) –, der durch die Kontrastierung mit dem biblischen Gleichnis vom verlorenen Sohn noch eindringlicher wird, den Schülern vorgestellt. Neben das „Feedback", die Festigung des Erarbeiteten, tritt auch das Neue. Zum andern nämlich kann die Erzählung „*Heimkehr*", wiederum von dem für die Deutung von Kafkas Werken so wichtigen biographischen Stellenwert her betrachtet, als ein – zwar kreativer, in seiner Thematik jedoch ganz und gar desolater – Beginn einer neuen Arbeitsphase betrachtet werden, der die Begegnung Kafkas mit Milena Jesenská vorausging. Das zu diesem für Kafka bedeutungsvollen Lebensabschnitt ausgegebene Schülerreferat soll eine seiner erotischen Partnerbeziehungen ausführlicher dokumentieren und die Widerspiegelung ihrer Erfolglosigkeit in der Erzählung „*Heimkehr*" veranschaulichen.

Die Schüler lesen bzw. vergegenwärtigen sich noch einmal diese Erzählung und das Gleich-

Informationsblatt zur 10./11. Stunde:
Sacherklärungen zum „Gleichnis vom verlorenen Sohn" (Lk. 15, 11–32)

V. 11 f.: Folgende Regelung galt, wenn ein Sohn bereits zu Lebzeiten seines Vaters das ihm zustehende Erbteil erhalten möchte:
– Er bekommt nur das Besitzrecht (der Vater darf z.B. den betreffenden Acker nicht verkaufen);
– er erhält nicht das Verfügungsrecht (verkauft der Sohn den betreffenden Acker, so kann der Käufer erst nach dem Tode des Vaters von ihm Besitz ergreifen). Die Nutznießung verbleibt dem Vater bis zu seinem Tode.
Der jüngere Sohn fordert das Besitz- *und* das Verfügungsrecht. Er will sich von seinem Vater lösen und eine selbständige Existenz aufbauen.

V. 15 f.: Schweine sind unreine Tiere. Was es in der Welt gibt, beurteilen die Juden danach, ob es rein oder unrein ist. Rein bzw. unrein meint mehr als sauber bzw. schmutzig. Rein ist, was Gott gefällt, was Gott gehört.

V. 17–19: Nach der Abfindung hat der jüngere Sohn keinen Anspruch mehr auf Nahrung oder Kleidung. Beides will er sich verdienen.

V. 20: Der Vater läuft dem Sohn entgegen. Es ist für einen Orientalen ungewöhnlich und unter seiner Würde zu laufen, selbst dann, wenn er es ganz eilig hat.

V. 22: Festgewand: es bedeutet im Orient eine hohe Auszeichnung.
Ring: die Übergabe eines Siegelringes bedeutet Vollmachtübertragung.
Schuhe: Schuhe sind Luxus; nur der freie Mann trägt sie.

V. 23: Mastkalb: Fleisch wird sehr selten gegessen. Für besondere Anlässe wird ein Mastkalb bereitgehalten. Seine Schlachtung bedeutet ein Freudenfest.

Quelle: *„Orientierung Religion"*. Diesterweg-Verlag. Frankfurt am Main/Berlin/München. 2. Aufl. 1974, S. 33, 43 f.

nis aus Lukas 15 (V. 11–32); während dieser Zeit verteilt der Lehrer ein Informationsblatt über einige juristische und rituelle Details zum besseren Verständnis des biblischen Textes. In Einzel- oder Partnerarbeit sollen die Schüler beide Geschichten vergleichen *(Phase 4),* was vom unterschiedlichen Gesamtcharakter her nicht schwerfällt, jedoch für die Präzisierung der motivlichen und strukturellen Besonderheiten schon einige Arbeit erfordert. Hier liegt also die hauptsächliche Funktion der Mitarbeit des Lehrers, der darüber hinaus die Frage stellen kann, ob und inwieweit *„Heimkehr"* eine bewußte Transkription des lukanischen Gleichnisses (welches Kafka mit Sicherheit gekannt hat) darstellen könne. In der Phase der Erarbeitung wird der Lehrer also schwerpunktartig die Fiktion der zahlreichen kontrastiven Elemente (inhaltlicher wie formaler Art) und die Skizzierung einiger rhetorischer Eigentümlichkeiten des Kafkatextes (z.B. der Epanalepse [„nur von der Ferne horche ich" / „nur von der Ferne horche ich stehend" / „weil ich von der Ferne horche" E 321] oder des Doppelsinns [„Es ist meines

Vaters alter Hof" / „Ich bin angekommen" / „fühlst du dich zu Hause?" E 320f.]) zum Ziel setzen.

Die Sicherung der in der Einzel- bzw. Partnerarbeit gewonnenen Ergebnisse *(Phase 5)* kann wegen der Einsichtigkeit der Zusammenhänge in der Form des freien Gesprächs unter der Leitung eines Schülers erfolgen; der Lehrer greift – unter Hinweis auf die zentralen Motive bzw. deren Umkehr (Liebe/Abweisung; Nähe/Ferne) – ggf. korrigierend ein. Dabei sollte er nicht versäumen, auf die besondere Zuspitzung des lukanischen Gleichnisses hinzuweisen (das Schuldigwerden des jüngsten Sohnes, die „übersteigerte" Freude des Vaters, die „berechtigten" Einwände des älteren Sohnes; auch das Nähe/Ferne-Motiv [V.20, wichtig für den Tafelanschrieb!] gehört wegen seiner dramatischen Kontrastierung mit hinzu) – Strukturelemente, die man nach ihrer pointierten Ausrichtung hin fast eher bei Kafka erwarten sollte. Bei der Erstellung des Tafelanschriebs achtet der Lehrer darauf, daß der dialektische Bezug beider Texte in der optischen Realisierung besonders gut zum Ausdruck kommt.

Das sich anschließende, funktional mehrfach gegliederte Referat über den biographisch-psychologischen Ort der Erzählung *„Heimkehr"* und, unmittelbar damit verbunden, über Kafkas Beziehungen zu Milena Jesenská *(Phase 6)* soll neben den beiden erstgenannten, mehr sachlich informierenden Quellen (vgl. Stundenblatt Nr. 7B) hauptsächlich die *„Briefe an Milena"* (Fischer Taschenbuch 756) zur Grundlage haben. Denn hier geht es weniger um die Gestalt der Adressatin als um ein einfühlsames Verdeutlichen der wechselvollen Seelenlagen, denen sich der einsame Briefschreiber ausgesetzt sieht und die er, oftmals täglich und seitenlang, zu Papier zu bringen sich müht. Der Lehrer wählt für die Aufgabe einen Schüler aus, von dem er genügend Interesse und Ver-

ständnis für solche Lektüre erwarten kann, deren stoffliche Wiedergabe damit, bei entsprechend behutsamer Vermittlung und im Rahmen der gegebenen Möglichkeiten, einen nicht unwesentlichen Baustein zum Gesamtverständnis Kafkas zu bilden vermag.

Vor den folgenden abschließenden Stunden vergewissert sich der Lehrer über den Stand der Referate, die er frühzeitig gestellt hat.

12.–14. Stunde:
Erarbeitung verschiedener Interpretationsansätze:
Mythos – Psychoanalyse – Religion; *„Der Schlag ans Hoftor"*

Methodische Vorüberlegungen

Die Funktion dieser Sequenz innerhalb der ganzen Unterrichtseinheit wird weiter unten erläutert. Hier sollen in Form eines Überblicks einige Gedanken zum Inhalt, zur methodischen Aufteilung und kursspezifischen Durchführung vorab zur Sprache gebracht werden.

Die drei abschließenden Stunden können in der vorliegenden Form wohl nur in einem Leistungskurs ganz realisiert werden. Für einen Grundkurs werden in der Regel Abstriche gemacht werden müssen, und für eine elfte Klasse ist das dargebotene Material noch weiter zu reduzieren. So muß bei dieser Sequenz am stärksten differenziert werden – angeboten wird dem Lehrer ein didaktisch und methodisch aufbereiteter umfangreicher Stoff, aus welchem er nach den jeweiligen Gegebenheiten auswählen wird. Diese Auswahl könnte im einzelnen so aussehen:

– Für einen *Leistungskurs* kann die Sequenz in der vorgeschlagenen Form übernommen werden, eine Ausweitung auf mehr als drei Stunden ist dabei jederzeit möglich. Wegen des phasenübergreifenden Themas der Psychoanalyse sollte für *Phase 1–5* am besten eine Doppelstunde eingeplant werden. Kann dies nicht eingerichtet werden, ist eine Unterbrechung nach *Phase 3* sinnvoll, wobei dann die Textlektüre *(Phase 4)* als Hausaufgabe zu stellen ist. Bei Zeitmangel wird *Phase 6* weggelassen bzw. das Lesen und Vorbereiten der Erzählung „*Der Schlag ans Hoftor*" (E 299 f.) ebenfalls als Hausaufgabe gestellt. Die letzte Stunde umfaßt sodann die *Phasen (6)/7–9,* dabei kann eine Weiterführung der Schlußphase angebracht sein.

Der Lehrer hat rechtzeitig die Referate verteilt (vgl. die tabellarische Übersicht S. 18–25) und gibt zu Beginn einen kurzen Überblick über die folgende Sequenz *(Phase 1).* Dann verteilt er die Hesiod-Textblätter. Nachdem die Schüler diesen Auszug aus der „*Theogonie*" gelesen haben, informiert die Arbeitsgruppe 1 (2 Referenten) über den historischen Stellenwert des Textes und den geschichtlich-chronologischen Vorstellungsrahmen von „Mythos" (Tafelanschrieb I), sodann über den Zusammenhang von Mythos und Psychoanalyse. Jenen Teil erklärt Referent A (Arbeitsgrundlage: Hunger, „*Lexikon der griechischen und römischen Mythologie*" [rororo 6178]; v. Ranke-Graves, „*Griechische Mythologie*" [rde 113, 115]; v. Wilpert, „*Sachwörterbuch der Literatur*"), diesen Referent B (Arbeitsgrundlage: S. Freud, „*Totem und Tabu*" [daraus die Kapitel „*Die Inzestscheu*" und „*Die infantile Wiederkehr des Totemismus*"]) (vgl. *Phase 2*).

Nach dem klärenden Gesprächsteil *(Phase 3)* lesen alle Schüler die Textauszüge auf den Freud-Arbeitsblättern. Die Arbeitsgruppe 2 besteht aus 2 Referenten. Diese haben – arbeitsteilig – die einzelnen Aufsätze, die diesen Papieren zugrunde liegen, gemäß der getroffenen Einteilung ganz gelesen. Die Zuordnung der Texte ist folgendermaßen möglich: Referent C: „*Die Frage der Laienanalyse*" (53 S.); Referent D: „*Der Unter-*

gang des Ödipuskomplexes" / „*Einige psychische Folgen des anatomischen Geschlechtsunterschieds*" / „*Das Ich und das Es*" (zusammen 48 S.).

Nach *Phase 4* (ausführliche Abfolge s. u. und Stundenblatt), der Gesprächs-*Phase 5* und der fakultativen *Phase 6* schließen sich in *Phase 7* zwei weitere Referate an (Arbeitsgruppe 3; 2 Referenten). Die Aufteilung der beiden Artikel aus „*Die Religion in Geschichte und Gegenwart*" („*Gott in Israel*" [Bd. II, Sp. 1705 ff.] und „*Vatername Gottes*" [Bd. VI, Sp. 1232 ff.]) darf wegen der unterschiedlichen Länge i. e. den Referenten überlassen werden; etwa gleiches Vortragsmaß wird angestrebt. Es folgen *Phase 8* und *9,* wie auf dem Stundenblatt vermerkt.

– Für einen *Grundkurs* sollte auf jeden Fall die Hauptinformation über den psychoanalytischen Ansatz erhalten bleiben, natürlich ebenso das anschließende Gespräch. *Phase 4* bleibt also unverändert, das gleiche gilt für die Aufteilung der Referate. *Phase 5* wird nach Maßgabe des Stoffumfangs gekürzt. Zu streichen wären *Phase 2* und *3,* denn die Verbindung von Mythos und Psychoanalyse nach S. Freud stellt einen nicht unerheblichen Anspruch an das Fassungsvermögen und den Arbeitswillen der Schüler. Damit kann der Komplex „Mythos" insgesamt wegfallen – das Abstraktionsvermögen bezüglich dieses Themas wird in einem Grundkurs nicht allgemein vorausgesetzt werden können. Auch der theologische Ansatz *(Phase 7)* wird in der Regel bei Grundkursschülern auf wenig Interesse stoßen, und der Lehrervortrag über Kafkas Verhältnis zum Judentum kann stark gekürzt werden. Immerhin aber sollte der Lehrer mit wenigen Worten auf die Besonderheit des jüdischen Jahwe-Glaubens eingehen, ein skizzenhafter Umriß von seiner Seite mag hier die ausführlicheren Referate ersetzen. *Phase 6* sollte um der Anschaulichkeit willen obligatorisch sein.

59

Bei gleichbleibender numerischer Abfolge ist damit für einen Grundkurs folgende Einteilung angebracht:
Phase 1 (unter Ausschluß der Bereiche „Mythos" und „Theologie") – *Phase 4–6* (*Phase 5* reduziert) – *Phase 7* und *8* punktuell – *Phase 9;* Tafelanschrieb I entfällt.
Nach dem Wegfall des mythologischen und auch weithin des theologischen Teils reichen zwei Stunden (möglichst Doppelstunde) für die vorgegebene Phasenfolge gut aus. Auch hier kann bei Bedarf die Schlußphase gedehnt werden.

– Für eine *elfte Klasse* ist das Grundkurs-Schema weiter zu reduzieren. Aufzugreifen ist aber auch hier der psychoanalytische Teil, wenngleich in verkürzter Form. Am sinnvollsten beschränkt sich der Lehrer auf die Vergabe zweier Referate über Freuds Abhandlungen *„Der Untergang des Ödipuskomplexes"* und *„Einige psychische Folgen des anatomischen Geschlechtsunterschieds".* Die Freud-Arbeitsblätter werden nicht verwendet. Wegen der für die Schüler ungewohnten Gedankengänge sollten jene beiden Texte auf zwei Referenten verteilt werden. Die insgesamt nur fünfzehn Seiten sind überschaubar, in dieser Jahrgangsstufe und dem vorliegenden Zusammenhang aber inhaltsreich genug. Die weitere Einteilung entspricht formal der Grundkurs-Abfolge, wobei auch hier nach Möglichkeit eine Doppelstunde angesetzt werden sollte. Die Schlußphase wird der Lehrer besonders in einer elften Klasse zum Zweck der Konsolidierung des insgesamt Erarbeiteten nicht zu kurz bemessen und unter Umständen auf die nächste Stunde ausdehnen.
Die Einteilung für eine elfte Klasse müßte also lauten: *Phase 1* (unter Ausschluß der Bereiche „Mythos" und „Theologie") – *Phase 4–6* (*Phase 4* und *5* reduziert) – *Phase 7* und *8* sehr kurz, punktuell – *Phase 9;* Tafelanschrieb I entfällt.

Unterrichtsverlauf

Kafkas Erzählung *„Das Urteil"* ist „biographisch als Konflikt zwischen Franz und Hermann Kafka, psychologisch als ödipale Strafphantasie, theologisch als Rebellion der sohn- gegen die vaterzentrierte Religion, historisch-typologisierend als Kampf zweier Zeitalter, soziologisch als Auseinandersetzung zwischen Erwerbsleben und asketischer Verweigerung, philosophisch als Kampf zweier Prinzipien (Geist – Leben, Bürgertum – Künstlerexistenz) zu verstehen, ohne daß sich die Deutungen gegenseitig ausschließen müßten, weil das Rebellions- und Bestrafungsmuster allen diesen Konfliktkonstellationen zugrunde liegt". Was hier von Sokel (zitiert nach Binder, *„Kafka-Handbuch".* Bd. II, S. 294 f.) in besonderer Betonung für Kafkas *„Urteil"* ausgesagt wird, gilt, gleichsam im Sinne einer hermeneutischen Modellkonstanz, für die meisten von Kafkas Werken, da die angesprochene Konfliktsituation, direkt oder mittelbar, fast überall deutlich ist. In der *Phase 1* der folgenden drei Unterrichtsstunden – dieser Zeitraum sollte bei einer gründlichen Erörterung der sachlichen Zusammenhänge auf jeden Fall eingeplant werden –, in denen der Bezug zu Text und Autor nur scheinbar bisweilen verlassen wird, gibt der Lehrer zwar eine Übersicht über einige wesentliche interpretatorische Strukturen, mit deren Hilfe man Kafkas Werk zu erfassen versucht, er warnt aber auch gleichzeitig vor der (gar detailbezogenen) Verbindlichkeit einzelner Deutungsmodelle, als könne man nunmehr nach einem einfachen Relationsmuster alle Auslegungsprobleme elegant beheben. Bei den Schülern darf nicht der Eindruck entstehen, man habe sich nun elf Stunden lang um die Analyse von Texten bemüht und auch in die biographischen Zusammenhänge Einblick gewonnen, jetzt komme man, endlich, zum „Eigentlichen", zur metaphysischen „Deutung" der Texte. Es ist eine Crux vieler Kafka-Arbeiten (und, wie es scheint, der Philologie überhaupt), daß allzuschnell scheinbar schlüssige Erklärungsprinzipien mit dem Anspruch auf Gültigkeit von außen an die Texte herangetragen werden, ohne daß diese immer mit der notwendigen Gründlichkeit, einzeln und im Zusammenhang, untersucht worden wären. In der vorliegenden Unterrichtseinheit wurde deswegen das Hauptgewicht auf die Textanalyse und die Erörterung des biographischen Kontextes gelegt, die beigefügten Interpretationsschemata – und so sollte der Lehrer sie auch vermitteln – sind als Möglichkeit, als Hilfe, als Versuch einer Näherungsform von menschlichen Grundgegebenheiten her zu verstehen. Als Schlüssel zu einem Gesamtverständnis, der immer und überall paßt, sind sie nicht gedacht.

Es ist klar, daß der Lehrer seine Erläuterungen so formulieren muß, daß unbeschadet aller „Restriktionen" die Motivation der Schüler gewahrt bleibt. Hier bietet die Vorausdeutung auf Sigmund Freud und das Thema „Ödipuskomplex" – bei aller gewahrten Sachlichkeit – immer einen guten Anreiz. Beim psychoanalytischen Ansatz scheint im übrigen auch die Einsichtigkeit grundsätzlich am größten zu sein, nicht deswegen, weil hier ein Deutungsschema besonders gut funktionierte, sondern weil in diesem Fall eine genuine menschliche Konfliktsituation, der Kafka in besonderem Maße ausgesetzt war, plausibel veranschaulicht wird.

Es geht in diesen Stunden (im folgenden wird die Leistungskursvariante zugrunde gelegt), in Fortsetzung des von Beginn an verfolgten Weges, auch nicht zuletzt darum (den Schülern steht noch immer der Käfer vor Augen), nochmals deutlich zu machen, daß Kafkas Texte nicht im Bereich des ganz und gar Unverständlichen, sondern auf der Ebene des durchaus Verstehbaren anzusiedeln sind. Die dazu im vorigen geknüpfte Bekanntschaft mit dem „Menschen Kafka" soll im folgenden in einzelnen Punkten noch vertieft werden, in Verbindung mit urbildhaften Denk-

modellen bzw. Zustandsformen, die eine Einordnung seiner oft schwierigen und skurrilen Vorstellungsabläufe erleichtern können. Wenn darüber hinaus der unmittelbare Bezug Kafkas zu solchen Integralfaktoren (im Falle Freuds und der jüdischen religiösen Tradition) aufgezeigt wird, so ist dies für die Anwendbarkeit der einzelnen Ansätze prinzipiell nicht notwendig, wohl aber im einzelnen durchaus hilfreich.

Die wohl wichtigsten überindividuellen Bezugsschemata – der mythologische, der psychoanalytische und der theologische Ansatz – sind als Gruppen- bzw. Einzelreferat zuvor zur häuslichen Erarbeitung mehrerer Schülern übertragen worden. Bevor in der nun folgenden *Phase 2* über Hesiods „*Theogonie*" und Sigmund Freuds „*Totem und Tabu*" informiert wird, gibt der Lehrer – ein solches Vorgehen ist für den Anfang eines jeden neuen Sachabschnittes anzuraten – eine knappe Einführung in den Themenkreis und damit gleichzeitig eine Begründung der Themenwahl.

Mit dem Werkauszug aus Hesiods „*Theogonie*" (vorgelegt werden den Schülern die Textausschnitte „Die Geburt der Götter" / „Himmel und Erde" / „Kronos entmannt Uranos". Quelle: Die griechischen Sagen. In Bildern erzählt von Erich Lessing, München 1977.) kann nicht Kafka „interpretiert" werden. Aber der Text dient dazu, die Schüler auf den uralten Konflikt der Generationen, der als solcher zum menschlichen Dasein dazugehört, hinzuweisen – in der Form, daß hier auf die erstmalige literarische Gestaltwerdung frühzeitlicher Denkbilder bzw. Erfahrungsformen abgehoben wird.

Wenn die Schüler den Text gelesen haben – eine Hindeutung des Lehrers zuvor auf den lyrischen Charakter der Sprache, auf den Stil der Übersetzung insgesamt hilft, Mißverständnisse zu vermeiden* –, sollte das Refe-

---

* Eine Hesiod-Prosaübersetzung findet sich bei v. Ranke-Graves auf S. 30

61

rat A nach Möglichkeit mit einigen unmittelbar textbezogenen Erläuterungen begonnen werden, bevor allgemein zum Wesen des Mythos Stellung genommen wird. Im traditionsgeschichtlich orientierten Teil des Referats sollte auf jeden Fall der Hinweis enthalten sein, daß die Geschichte von der Entmannung des Uranos wahrscheinlich aus Kleinasien nach Griechenland gelangte und die früheste bekannte Fassung churritischen Ursprungs ist*. Zwei kurze mythologische Erläuterungen (die Schüler haben in der Regel seit der 7. Klasse vom griechischen Sagenstoff nicht mehr viel gehört) lassen sich anschließen: Aus den Blutstropfen der vom Sohn geschlagenen Wunde des Uranos entsprangen einerseits die drei Erinyen oder Furien (vgl. V. 116 ff.) – hier sind Hinweise auf die germanischen Nornen und die Weltesche möglich. Und die Blutstropfen, die ins Meer fielen, ließen Aphrodite, die Schaumgeborene (falls man das Botticelli-Bild zur Hand hat, kann man es – als Erweiterung des unmittelbaren Kontextes – herumzeigen), entstehen: Venus Anadiomene!

Kastration – sei es, wie hier, im „realen" Vollzug oder, wie bei Gregor Samsa, in Form der Phobie (s. u.) – kann in beiden Fällen als unmittelbare Vorstufe der Tötung angesehen werden: Uranos stirbt, und Gregor, wie auch, kompromißloser noch, Georg Bendemann, beschließen aufgrund eines väterlichen Willensaktes ihr Dasein. Die Furcht vor der Entmannung ist, wie noch deutlich werden wird, auf seiten des Sohnes die Angst vor der Beraubung des männlichen Privilegs gegenüber der Mutter; vom gleichen, ödipalen Vorzeichen her hat die Kastrierung des Vaters, zumindest latent, den entsprechenden

Sinn. Solche Klarstellungen sollten vom Lehrer recht bald vorgenommen werden, um Fragen etwa der Art, warum es sich denn einmal um die – wirkliche oder vermeintliche – Kastration des Vaters, dann aber um diejenige des Sohnes handele, rechtzeitig vorzubeugen.

Bei dem skizzenhaften Versuch, das Wesen des Mythos zu charakterisieren (hier sei, für knappste Informationen, neben v. Ranke-Graves auf Wilperts „*Sachwörterbuch der Literatur*" verwiesen; wenn der Lehrer, etwa bei einem anspruchsvollen Leistungskurs, weiter ausholen will, möge er bzw. der Referent z. B. den Briefwechsel zwischen Thomas Mann und Karl Kerényi oder auch die diesbezüglichen Arbeiten von C. G. Jung und seiner Schule heranziehen), wird mit Sicherheit die ätiologische Variante zur Sprache kommen. Als Beispiele eignen sich hier sehr gut die Erzählungen aus der biblischen Urgeschichte. Auch der symbolisch-psychologische Aspekt des Mythos muß berücksichtigt werden: Mythos ist auch Deutung elementarer menschlicher Erlebnisse und Verhaltensweisen, wie sie sich aus den existentiellen Grundgegebenheiten entwickeln können, oder unmittelbarer Begegnungen mit dem Übermenschlichen, Urbild ebenso wie Gleichnis, das nicht selten, in metaphorischer Verdichtung, zu religiöser Weltdeutung gesteigert wird.

Zur Veranschaulichung des Überlieferungsprozesses mythischer Denkbilder läßt sich an dieser Stelle, in Ergänzung zu dem laufenden Referat, ein Tafelanschrieb (TA. I) einfügen, der über den Zusammenhang von Entstehung, mündlicher und schriftlicher Überlieferung, erstmaliger ausführlicher systematischer Fixierung und literarhistorischer Weitergabe bis zur Gegenwart Auskunft gibt (der Lehrer achtet auf die korrekten Proportionen der chronologischen Abschnitte). Der Zeitraum der mythischen Gestaltwerdung befindet sich – um im Bild zu bleiben – „ir-

---

* „Die um 2200 v. Chr. erstmals bezeugten Churriter waren ein indogermanisches altorientalisches Kulturvolk, das zuletzt am Euphrat saß und nach 1400 v. Chr. von den Hethitern vernichtend geschlagen wurde. Einige nur teilweise entzifferte Keilschriftzeugnisse blieben erhalten." (v. Ranke-Graves, a. a. O., S. 31)

gendwo weit links neben der Tafel", „tief" im „Brunnen der Vergangenheit".

Das Thema des nächsten Referenten – Mythos und Psychoanalyse – hat nicht zuletzt eine überleitende Funktion. Anhand der in Sigmund Freuds Schrift *„Totem und Tabu"* (außer der im Literaturverzeichnis genannten Werkausgabe auch erschienen als Fischer Taschenbuch 147) enthaltenen Aufsätze „Die Inzestscheu" (ebda., S. 7–24) und „Die infantile Wiederkehr des Totemismus" (S. 113–179) wird eine Verbindung geschaffen vom „Urtümlichen" zum „Zivilisierten", vom Mythos zur Psychoanalyse. Der Lehrer sollte hier dafür Sorge tragen, daß der Referent nur das für den Gesamtzusammenhang Wichtige zur Sprache bringt. Dazu gehört unter anderem, daß die Funktion des Totemtieres, das von den „Wilden" verehrt, dann jedoch auch geschlachtet wird, vergleichbar ist der Rolle des Vaters bzw. den Wünschen des Knaben (die sich eben dann beim Erwachsenen als „Neurosen" manifestieren), der sich von der übermächtigen Last seines Erzeugers durch den Wunsch, der Vater möge sterben, befreien möchte.

Weiterhin ist wichtig, daß die bei Kafka so problematische Verbindung von Vaterbezug und Schuldgefühlen (die Bestrafungsphantasien nehmen in seinem Werk einen sehr breiten Raum ein – vgl. die detaillierten Ausgestaltungen in der *„Strafkolonie"* [E 100 ff.], auch den Roman *„Der Prozeß"* als Ganzen –; sie sind letztlich nichts anderes als eine Manifestation des „Vater"-bezogenen Versagens und der „notwendig" und „logisch" daraus folgenden Sühne) eine neue, „theologische" Dimension erhält, wenn man Freuds Ausführungen folgt: „Allein die psychoanalytische Erforschung des einzelnen Menschen lehrt mit einer ganz besonderen Nachdrücklichkeit, daß für jeden der Gott nach dem Vater gebildet ist, daß sein persönliches Verhältnis zu Gott von seinem Verhältnis zum leiblichen Vater abhängt, mit ihm schwankt und sich verwandelt und daß Gott im Grunde nichts

anderes ist als ein erhöhter Vater." („Die infantile Wiederkehr des Totemismus", S. 164) Die inzestuöse Libido schließlich, mit all ihren persönlichen seelischen Konsequenzen für den Betroffenen (der sich des Ursprungs seiner Neurose gar nicht immer bewußt ist), ist – dies sollte der Lehrer, auch schon im Vorausblick auf das Kommende, ggf. seinerseits nochmals ausdrücklich betonen – keine abwegige Idee eines Phantasten, der „Kernkomplex der Neurose" überhaupt („Die Inzestscheu", S. 24).

Es hängt vom Verlauf der Phase 2 ab, ob und wie ausführlich eine Diskussion über das Gehörte *(Phase 3)* erfolgen soll. Eventuell noch bestehende sachliche Unklarheiten müssen auf jeden Fall beseitigt werden, am besten, um den Gang der Information nicht zu stören, nach Beendigung des Referats. Der Lehrer kann auch ruhig die Referenten in ihrer Leitungsfunktion belassen, zum Eingreifen bleibt noch immer Gelegenheit. Falls allerdings bei den Schülern der Wunsch nach einer unmittelbar anschließenden ausführlichen Diskussion besteht, sollte sich der Lehrer dem nicht widersetzen.

Im nächsten Abschnitt *(Phase 4)* werden die im vorigen angedeuteten psychoanalytischen Sachverhalte ausführlich dargestellt. Hier kann folgende Methode angewandt werden: Zwei Schülern wird vom Lehrer die (übersichtliche und preiswerte) zweibändige Freud-Ausgabe (s. Literaturverzeichnis) zur Verfügung gestellt, aus der von dem ersten Referenten die Abhandlung „Die Frage der Laienanalyse" (Bd. I, S. 17–69) und von dem zweiten die Aufsätze „Der Untergang des Ödipuskomplexes" (S. 334–339), „Einige psychische Folgen des anatomischen Geschlechtsunterschieds" (S. 340–348) und „Das Ich und das Es" (S. 369–401) durchzuarbeiten sind. Die Referenten haben also ungefähr die gleiche Stoffmenge zu bewältigen. Eine Auswahl aus diesen Texten wiederum, welche die für uns hier wichtigen Gedanken verzeichnet, erhalten die anderen Kursteilnehmer auf einem mehrteiligen Arbeitspapier (s. Arbeitsblatt S. 69 ff.). Die Referenten informieren ihrerseits über den Kontext der einzelnen Passagen, berichten über einige Fallbeispiele, skizzieren den Inhalt der Schriften (hierzu können auch die Anmerkungen der Herausgeber am Beginn der jeweiligen Abhandlung verwandt werden) und berichten ggf. über die verschiedenen Lebensumstände des Verfassers (vgl. Bd. II, S. 541 ff.). Stofflich und auch „personell" kann der Umfang dieser Phase erweitert werden (letzteres am ehesten in einem Leistungskurs etwa in Form eines vertiefenden Exkurses und unter Verwendung entsprechender Sekundärliteratur; dort kann dann auch allgemein über die psychoanalytischen Methoden von Literaturbetrachtung reflektiert werden). Bei starkem Zeitdruck läßt sich andererseits auf die Phase des Referierens u. U. ganz verzichten. Die Schüler werden dann mit den Freud-Exzerpten direkt konfrontiert, was natürlich eine ausführlichere Kommentierung von seiten des Lehrers erforderlich macht.

Bevor die Kursteilnehmer die Textauszüge lesen, sollte das Ziel dieser Unterrichtssequenz präzisiert werden: Es geht zum einen darum, die Entwicklung von der ödipalen Kindheitsphase bis hin zur Neurose des Erwachsenen, so wie Freud sie sieht, sachlich nachzuvollziehen, zum andern soll, innerhalb unseres größeren Zusammenhanges, die für Kafka und sein Werk so bedeutungsvolle Abfolge aus „Vaterbezug – Über-Ich – Schuldgefühlen – Gewissensangst" nach Maßgabe der Psychoanalyse untersucht werden. Das Schwergewicht liegt dabei eindeutig auf dem zweiten Punkt (Phase 5, s. u.), auch geht es hier nicht um eine Diskussion über die „Richtigkeit" der Freudschen Thesen. Vielmehr kommt es an dieser Stelle darauf an, daß die Schüler den in den vorliegenden Texten postulierten subtilen – aber auch, von der logischen Kausalität her, so eindeutigen – Zusammenhang zwischen Sexualität und

Moral erkennen lernen. Beider Sachwalter ist der Vater, sei es, bezüglich jener, in der infantilen Phase als Objekt der kindlichen Aggression und, später dann, der Furcht, sei es, für diese, als Instanz von Sitte und Gesetz. Tafelanschrieb II, der während der inhaltlichen Erschließung der Texte – ggf. auch von den Referenten – erstellt wird, gibt über die unmittelbaren Bezüge optischen Aufschluß. Im übrigen sollte es den Teilnehmern nicht allzu schwer fallen, die Aussagen der Texte als solche inhaltlich zu erfassen.

Entscheidend ist nun der Transfer (Phase 5). Die Schüler sollen die Ausführungen Freuds auf Kafka und die ihnen bekannten Erzählungen übertragen, nicht nur allgemein, sondern auch im Detail. Bei Klassen mit geringerem Abstraktionsvermögen wird es nützlich sein, bestimmte Erzählzusammenhänge, auch Passagen aus dem „Brief an den Vater", stichpunktartig zu rekapitulieren. Die geeignete Sozialform ist hier das freie Gespräch; denn die Verbalisierung der sicher oft unmittelbaren Transfer-Überlegungen kann dann, unbeschadet aller parallellaufenden rationalen Analysen, noch ungeordnet und intuitiv erfolgen. Auch bietet sich dabei für die Vielfalt der Ansatzpunkte ein freies Feld.

Im „Brief an den Vater" erhalten Freuds Ausführungen ihre vielleicht frappanteste Bestätigung. Die „ins Ich introjizierte Vaterautorität" (Freud-Arbeitsblatt, Z. 28 f.), also letztlich die vom Vater geprägte Instanz des Gewissens und der Moral, weiterhin die Ambivalenz der Vater-Imago als Wunsch- und als Tabu-Person – „so (wie der Vater) sollst du sein, ... so (wie der Vater) darfst du nicht sein" (Z. 52 ff. [Hervorhebungen im Text]) –, schließlich auch die überpersönliche (aber auch konkret greifbare) Funktion, in der Hermann Kafka, als Vertreter der Familie, der Firma, der Sippe, der Rasse, der „Generation", seinem Sohn, dem „Individuum" (vgl. Z. 46 f.), erscheinen mußte, sind wesentliche Übertragungsschnittpunkte beider Ebenen, die auch im erzählerischen Bereich mit erstaunlicher Schlüssigkeit aufzufinden sind. Schon immer hat die psychoanalytisch orientierte Kafka-Deutung Gregors schreckensvolle Flucht vor dem tobenden, Äpfel werfenden Vater (E 84 f.) als Inkarnation der infantilen Kastrationsangst, verbunden mit ödipalen Phantasien des Unterlegenen, erklärt, nicht zuletzt angesichts der „gänzlichen Vereinigung" (vgl. E 85) zwischen dem siegreichen Familienoberhaupt und der mehr oder weniger entkleideten Mutter, eines „Zusammengehens", welches der scheinbar rebellisch gewordene Sohn gerade noch mit vergehenden Blicken registriert*.

Die Schüler können den Transfer hinsichtlich der Vater-Figur und ihrer Funktion als Über-Ich und Gewissen bildende bzw. Schuld auslösende Instanz ohne große Schwierigkeiten herstellen. Der sexuelle Faktor in der von Freud beschriebenen Art ist für manche Schüler dagegen mit ziemlicher Sicherheit ein Novum (vorausgesetzt, der Lehrer hat die Thematik [z.B. „König Ödipus", „Homo faber"] noch nicht im Unterricht behandelt), auch können hier gewisse Hemmungen verständlicherweise die Unterrichtsaktivitäten bei einigen eine Zeitlang beeinträchtigen. Andererseits darf der Lehrer, auch wenn er die oben skizzierten Zusammenhänge sehr behutsam erfragen bzw. selber zur Sprache bringen muß, vor einer sachlich konsequenten, ggf. auch detaillierteren Übertragung von Freuds Lehre auf

Kafkas Texte – und, unter Umständen, auch auf seine Person – nicht zurückschrecken (vgl. den früher behandelten Inzest-Problemkreis). So wird bei dem hinsichtlich der Funktion mancher Einzelmotive („Bedienerin", „Autoomnibus" etc.) nicht leicht zu deutenden Schluß des „Urteils" (E 32) gewiß auch über den Sinn des letzten Satzes zu sprechen sein. Hierzu hat Max Brod einen Kommentar Kafkas überliefert: „Er sagte mir nämlich einmal, meines Erachtens ziemlich unvermittelt: ‚Weißt du, was der Schlußsatz bedeutet? – Ich habe dabei an eine starke Ejakulation gedacht.'" (vgl. Binder, „Kafka-Kommentar zu sämtlichen Erzählungen", S. 152) Die hermeneutische Mehrdeutigkeit des Wortes „Verkehr" habe Kafka dabei „ganz im Sinne der Assoziationstechnik der Wiener Schule" gewürdigt (Binder, „Kafka-Handbuch". Bd. I, S. 410).

Aufgrund des Freud-Arbeitsblattes lassen sich noch manche Bezüge zwischen Freud und Kafka herstellen – auch Vermutungen kann der Lehrer hier durchaus freien Raum geben. Wir führen zwei weitere denkbare Beispiele an: Freuds Aussage: „Das Über-Ich wird den Charakter des Vaters bewahren, und je stärker der Ödipuskomplex war, je beschleunigter (unter dem Einfluß von Autorität, Religionslehre, Unterricht, Lektüre) seine Verdrängung erfolgte, desto strenger wird später das Über-Ich als Gewissen, vielleicht als unbewußtes Schuldgefühl über das Ich herrschen" (Z. 62 ff.) läßt sich durchaus zu gewissen Abschnitten in den Lebensläufen Georg Bendemanns und Gregor Samsas in Beziehung setzen – der Lehrer muß, bei geringer Aktivität von Schülerseite, den Vergleich direkt herausfordern. Die „Verdrängung" des vaterbezogenen Über-Ichs war jenen beiden „Söhnen" gewiß dann am erfolgreichsten gelungen, als sie die väterliche Machtposition eingenommen und sich zum – zeitweiligen – Oberhaupt von Geschäft und Familie gemacht hatten. Das „infantile Ich … lieh sich gewissermaßen die Kraft dazu vom

---

* Zu jener offenbar sehr konkret empfundenen Szene („So machten sie mehrmals die Runde um das Zimmer …" E 84) sei auf die vergleichbare Äußerung im „Brief an den Vater" (S. 22) verwiesen: „Schrecklich war es auch, wenn Du schreiend um den Tisch herumliefst, um einen zu fassen, offenbar gar nicht fassen wolltest, aber doch so tatest, und die Mutter einen schließlich scheinbar rettete." Man wird also auch (und dafür gibt es viele einleuchtende Hinweise) den außerliterarischen Bereich mit den Maßstäben der Psychoanalyse messen müssen, ohne daß deswegen eine Übereinstimmung mit allen Phasen der Freudschen Theorie (Mutter!) notwendig wäre.

Vater aus" (Z. 60 ff.) – die Schüler erinnern sich gut an die Hinfälligkeit des alten Samsa zu den Zeiten von Gregors erfolgreichen Geschäftsreisen (E 83) wie auch an die Einquartierung des greisen Bendemann in ein hinteres Zimmer und seine damit verbundene Vernachlässigung, während der Sohn Geschäfte abschloß, die der Vater vorbereitet hatte (!), und sich vor Vergnügen „überpurzelte" (E 30). Das „Schuldgefühl" (Z. 66), bewußt oder unbewußt, war bei beiden Nachkommen sehr groß: Gregor akzeptiert sein Schicksal, und Georg vollzieht das väterliche Todesurteil ohne Rebellion an sich selbst.

Werden die Schüler zu einem (nochmaligen) Lesen von Freuds Ausführungen über die Todesangst (Z. 81 ff.) und zu einem punktuellen Vergleich mit Kafkas Erzählungen aufgefordert, so ist der Hinweis auf die letzten Phasen von Gregors Käferdasein naheliegend. Gregor, „zum Sterben müde und traurig" (E 90), hat sein Ich aufgegeben, weil er „sich vom Über-Ich [also – auch – vom Vater!] gehaßt und verfolgt anstatt geliebt fühlt" (Z. 86) – es scheint fast, als gäbe es für manche Einzelheiten kein zwingenderes Medium als die Methode der Freudschen Psychoanalyse.

Nun darf natürlich nicht der Eindruck entstehen, als habe Kafka bestimmte ihm vorliegende Freud-Texte gleichsam literarisch umfunktioniert. Alle hier zitierten Stellen aus dem Werk Sigmund Freuds wurden viele Jahre später schriftlich fixiert als *Die Verwandlung"* und *„Das Urteil"*, wenngleich wesentliche Denkbilder bis ins Jahr 1912 (s. o.) – und früher – zurückreichen. Man wird also einmal – und das sollte hier unter anderem gezeigt werden – die Möglichkeit der direkten Beeinflussung zwar ein Stück weit guten Gewissens verfolgen können, um jedoch dann auf die phänomenologische Autorität der Psychoanalyse zurückzugreifen, die vor allem auch als überindividueller hermeneutischer Integralfaktor, ohne die Notwendigkeit

einer direkten Einflußnahme, gesehen werden muß. Daß sich beide Formen von Freuds Einwirken, die direkte und die mittelbare, hier überschneiden, liegt auf der Hand. Wenn auch kaum je entschieden werden kann, wo genau die Grenze liegt – sicher ist, daß die psychoanalytische Deutungsmethode, die notwendigerweise eng verbunden ist mit der Aufschlüsselung des Biographischen, zumindest für eine bestimmte Anzahl von Motiven und Motivkombinationen von ihrer interpretatorischen Schlüssigkeit her auf jeden Fall mitberücksichtigt werden muß.

Steht genügend Zeit zur Verfügung, so kann der Lehrer eine weitere Erzählung Kafkas, *„Der Schlag ans Hoftor"* (E 299 f.), heranziehen, um das Vorstellungsbild von der Gewissensangst des „Sohnes"(-Typs) an einem besonders eindrücklichen literarischen Beispiel zu exemplifizieren *(Phase 6)*. Die Schüler haben die Ähnlichkeit mancher wichtiger Strukturschemata bei Freud und Kafka (*„Brief an den Vater"*) gerade erfahren, Einzelheiten der bislang besprochenen Erzählungen sind ihnen noch im Gedächtnis. Der Lehrer kann, teils aus eigener, weiterführender Textkenntnis referierend, teils fragend, den Gedanken der ins Maßlose gesteigerten Schuld als eine spezifische Form grotesker „kafkaesker" Zuspitzung demonstrieren. Das vorwurfsvolle Verhalten des Türhüters gegenüber dem „Mann vom Lande" (vgl. E 132) kann noch einmal zur Sprache kommen, des weiteren wird an die zahlreichen, direkten oder indirekten, Rügen und Zurechtweisungen zu erinnern sein, die Gregor von seiner Familie erhält, glaubt, erhalten zu haben bzw. zu Recht noch erhalten zu müssen. Die Übersteigerung der Freudschen „Gewissensangst" in Selbstvorwürfe und eingebildete Schuld ist Kafkas eigenes Leiden. Die völlige Disproportion von Vergehen und zumeßbarer Schuld – der Lehrer skizziert die diesbezügliche Problematik aus dem „Schloß" und dem „Prozeß" – mündet in die letzte Konsequenz (die man auch dem „Brief *an den Vater"* nicht absprechen mag), daß der „Betroffene", heißt er nun Kafka, „K." oder Samsa, schuldig ist, weil er so lebt, wie er lebt, ohne daß ihm auch nur der geringste Fehltritt nachzuweisen wäre.

So bleibt auch die Frage bei der nun vorliegenden Erzählung, ob die Schwester tatsächlich an das Hoftor geschlagen habe (womit immerhin, rein formal, ein Anlaß zur Rechenschaft und Rechtfertigung vorläge), im dunkeln („sie hatte den Schlag wahrscheinlich gar nicht getan" E 299; vgl. auch den Beginn der Erzählung). Erst recht ist eine auch noch so geringe „Mitschuld" des begleitenden Bruders nicht auszumachen. Der Grund für seine Gefangennahme, bevorstehende Folterung und endlose Kerkerhaft ist – was oben schon angesprochen wurde – nichts anderes als die Tatsache seiner Existenz.

Der Lehrer darf nicht versuchen, hinter diesem Text irgendeinen verborgenen „Sinn" zu entdecken, der gemeinsam mit den Schülern erarbeitet werden müßte. Wie für die bisherigen Stunden gilt hier auch der Gedanke, die Schüler die Grenzen der Deutbarkeit des Daseins ahnen zu lassen und damit die ihnen von überallher entgegentönende Vorstellung, alles sei machbar, zu hinterfragen. Nicht zuletzt werden sie mit ihrer *literarischen* Kenntnis der Absurdität der menschlichen Existenz und des So-Seins von Schuld und Verhängnis aus den Erzählungen Kafkas vorbereitet auf die Diskussion von Texten aus der philosophischen Gegenwart oder des absurden Theaters.

Phase 7 kann, wie auch schon Phase 2 und Phase 4, vom Umfang her eingeschränkt werden (wir geben, wie stets, ein möglichst ausführliches Spektrum). Sie ist aufgeteilt in einen Lehrervortrag und ein Arbeitsgruppenreferat. Auch hier sollen, von den Lernzielen her, integrale Denkbilder zu Kafkas Vater-Thematik diskutiert werden, dieses Mal unter theologischem Aspekt. Während der zuerst besprochene mythologische Ansatz mehr phänomenologischer Natur war

und der psychoanalytische Gesichtspunkt neben der „Allgemeingültigkeit" auch eine durch spezielle Sachkenntnis entstandene Einwirkung als gegeben erscheinen ließ, ist der theologische Aspekt (die Bedeutung Jahwes als Vatergott und strenger Bündnispartner des jüdischen Volkes) personenbezogen und zunächst einmal von Kafkas ethnischer Zugehörigkeit her wahrzunehmen, über die der Lehrer informiert. Kafkas Stellung zum Judentum (vgl. Binder, *„Kafka-Handbuch"*. Bd. I, S. 435 ff., 491 ff.) ist zwar nicht einheitlich, aber insgesamt nicht sehr positiv. Wohl bewegte sich Kafka in Prag nahezu ausschließlich in jüdischen Kreisen, doch waren ihm die traditionelle Glaubenspraxis, jüdischer Kultus und Ritus innerlich fremd. Mit Juden fühlte er keine Gemeinsamkeit (vgl. Tagebuchnotiz vom 8. Januar 1914), und seine „Gleichgültigkeit" gegenüber dem Zionismus war, wie er in einem Brief an Félice Bauer schrieb, „grenzenlos und unausdrückbar" (vgl. Binder, a.a.O., S. 436).

Diese Indifferenz schließt allerdings ein Interesse für die geistigen Grundlagen des jüdischen Volkes keineswegs aus. Binder (a.a.O., S. 493) hebt für Kafka die „Ausschließlichkeit" der jüdisch geprägten Sehweise hervor und betont, „daß alttestamentliche Vorstellungszusammenhänge in Kafkas Denken eine beträchtliche Rolle spielen" (a.a.O., S. 496 [vgl. Kontext]) und seine religiösen Auffassungen „im Rahmen des allgemeinen Judentums gesehen und verstanden werden (müssen)" (S. 499). Eine grundsätzliche Kenntnis der alttestamentlich-jüdischen Theologie darf man also bei Kafka mit Sicherheit voraussetzen.

An diesen Lehrervortrag schließen sich zwei (nicht allzu ausführliche) Schülerreferate über die Bedeutung des jüdischen Jahwegottes an. Dazu standen den Referenten die entsprechenden Bände aus dem Sammelwerk *„Die Religion in Geschichte und Gegenwart"* zur Verfügung (hier hat der Lehrer verwiesen auf die Artikel „*Gott in Israel*" [Bd. II, Sp. 1705 ff.] und „*Vatername Gottes*" [Bd. VI, Sp. 1232 ff.]). Für unseren Zusammenhang ist wichtig, daß das Selbstverständnis des israelitischen Volkes ausschließlich von dem unmittelbaren Verhältnis zu seinem Jahwegott geprägt war. Wenn auch das Gottesbild der jüdischen Geschichte keineswegs einheitlich ist, da hier zahlreiche verschiedenartige Traditionen, z. T. auch kanaanitischen Ursprungs, ineinanderfließen, so ist die Exklusivität Jahwes letztlich doch dominierend. Der Jahwe vom Sinai ist „voll Leidenschaft und Eifer, seine Nähe gefährlich, seine Offenbarung mit verheerenden Naturerscheinungen verbunden" (a. a. O., Bd. II, Sp. 1705); demgegenüber ist der Jahwe der Berichte von Gen. 12 ff. „friedlich, gütig, väterlich, universaler, nicht exklusiv" (ebda.). Schutz und Fürsorge, welche dieser Gott bot, forderten andererseits vom Volk Dienst und unbedingten Gehorsam – die Rigorosität des apodiktischen, aber auch die Feinheiten des kasuistischen Rechts sprechen eine beredte Sprache. Die Furcht vor Jahwe ist denn auch ein wesentlicher Bestandteil des Glaubens, zumal sich im Wesen des Gottes „durchaus befremdliche Züge finden" (a. a. O., Bd. II, Sp. 1707). Dazu gehören seine Intoleranz, vielleicht auch seine Übermächtigkeit, seine Eifersucht und sein Zorn. Die spätere Gerichtstheologie der Propheten – „Gott hat sich entzogen und läßt sich weder durch Opfer noch Gebet erreichen" (a. a. O., Bd. II, Sp. 1710) – schließt, wenngleich unter anderen Voraussetzungen und Vorzeichen, hier an. Die Vorstellung von der Vaterschaft Gottes (religionsgeschichtlich durchaus kein seltenes Phänomen) ist in Israel vor allem in der nachexilischen Zeit verbreitet (a. a. O., Bd. VI, Sp. 1234).

Wenn sich hier auch gewiß noch manches ergänzen ließe, so sind doch, im Rahmen der gewählten Perspektive, die Bezüge deutlich, welche der Lehrer von den Schülern unbedingt verbalisieren lassen sollte *(Phase 8)*. Sehr leicht kann die Vater-Imago bei Kafka, ob sie nun in ihrer biographischen, literarischen, konkreten oder ins Über-Ich erhobenen Gestalt erscheint, mutatis mutandis, mit Wesenszügen Jahwes verglichen bzw. „versehen" werden. Die Ähnlichkeiten bzw. Gemeinsamkeiten (vgl. die im Stundenblatt Nr. 8 B/C angeführten Gesichtspunkte) sind so groß, daß hier von einer Übertragung spezifischer theomorpher Wesenseigenschaften auf die Vaterfigur durch Kafka gesprochen werden kann.

Art und Umfang des abschließenden Gesprächs *(Phase 9)* hängen wesentlich ab vom Verlauf dieser Unterrichtssequenz, im besonderen auch von dem jeweiligen Diskussionsmodus nach den Phasen 2 und 4. Grundsätzlich sollte der Lehrer diesem Schlußgespräch viel freien Raum lassen, nicht nur zum Zweck der Nachbereitung von Phase 7 und 8, sondern auch, um allen bislang noch nicht zur Sprache gebrachten Problempunkten, einschließlich der während der letzten Sequenz hinzugekommenen Fragen und Anmerkungen, das nötige Gehör zu geben.

Sollte in der Deutsch-Videothek die von dem tschechischen Filmemacher Jan Nemec eingerichtete Fernsehfassung der „*Verwandlung*" (Sendung vom 30.10.1975, ZDF) vorhanden sein, wäre ihre Vorführung sicher ein gelungener Abschluß. Bemerkenswert an dieser Verfilmung ist vor allem die Position der Kamera, die so eingesetzt wird, daß dem Zuschauer das ganze Geschehen allein aus der Käferperspektive vor Augen geführt wird, was Kafkas Intentionen in genauer Weise entspricht.

Sigmund Freud, Ausgewählte Texte zum Problembereich des Ödipuskomplexes

I. „Die Kosmologie wie die Genealogie der königlichen Geschlechter ist auf dem Inzest begründet. In welcher Absicht ... sind diese Dichtungen geschaffen worden? Um Götter und Könige als Verbrecher zu brandmarken, den Abscheu des Menschengeschlechts auf sie zu lenken? Eher doch, weil die Inzestwünsche uraltes
5   menschliches Erbgut sind und niemals völlig überwunden wurden, so daß man ihre Erfüllung den Göttern und ihren Abkömmlingen noch gönnte, als die Mehrheit der gewöhnlichen Menschenkinder bereits darauf verzichten mußte." (Aus: „*Die Frage der Laienanalyse*", S. 40)

II. a) „Immer mehr enthüllt der Ödipuskomplex seine Bedeutung als das zentrale Phä-
10   nomen der frühkindlichen Sexualperiode. ... Wenn der Ödipuskomplex auch von den meisten Menschenkindern individuell durchlebt wird, so ist er doch ein durch die Heredität bestimmtes, von ihr angelegtes Phänomen, welches programmgemäß vergehen muß, wenn die nächste vorherbestimmte Entwicklungsphase einsetzt. Es ist dann ziemlich gleichgültig, auf welche Anlässe das hin geschieht oder
15   ob solche überhaupt nicht ausfindig zu machen sind."

b) „Wenn das (männliche) Kind sein Interesse dem Genitale zugewendet hat, so verrät es dies auch durch ausgiebige manuelle Beschäftigung mit demselben und muß dann die Erfahrung machen, daß die Erwachsenen mit diesem Tun nicht einverstanden sind. Es tritt mehr oder minder deutlich, mehr oder weniger brutal die
20   Drohung auf, daß man ihn dieses von ihm hochgeschätzten Teiles berauben werde. Meist sind es Frauen, von denen die Kastrationsdrohung ausgeht, häufig suchen sie ihre Autorität dadurch zu verstärken, daß sie sich auf den Vater oder den Doktor berufen, der nach ihrer Versicherung die Strafe vollziehen wird."

c) „Der Ödipuskomplex bot dem Kinde zwei Möglichkeiten der Befriedigung, eine
25   aktive und eine passive. Es konnte sich in männlicher Weise an die Stelle des Vaters setzen und wie er mit der Mutter verkehren, wobei der Vater bald als Hindernis empfunden wurde, oder es wollte die Mutter ersetzen und sich vom Vater lieben lassen, wobei die Mutter überflüssig wurde. ... Die ins Ich introjizierte Vater- oder Elternautorität bildet ... den Kern des Über-Ichs, welches vom Vater die
30   Strenge entlehnt, sein Inzestverbot perpetuiert und so das Ich gegen die Wiederkehr der libidinösen Objektbesetzung versichert. Die dem Ödipuskomplex zugehörigen libidinösen Strebungen werden zum Teil desexualisiert und sublimiert, was wahrscheinlich bei jeder Umsetzung in Identifizierung geschieht, zum Teil zielgehemmt und in zärtliche Regungen verwandelt. ... Ich zweifle nicht daran,
35   daß die hier beschriebenen zeitlichen und kausalen Beziehungen zwischen Ödipuskomplex, Sexualeinschüchterung (Kastrationsdrohung), Über-Ich-Bildung und Eintritt der Latenzzeit von typischer Art sind." (Aus: „*Der Untergang des Ödipuskomplexes*", S. 334f., 336f., 338)

III. „Die Situation des Ödipus-Komplexes ist die erste Station, die wir beim Knaben
mit Sicherheit erkennen. Sie ist uns leicht verständlich, weil in ihr das Kind an demselben Objekt festhält, das es bereits in der vorhergehenden Säuglings- und Pfle-
geperiode mit seiner noch nicht genitalen Libido besetzt hatte. Auch daß es dabei
den Vater als störenden Rivalen empfindet, den es beseitigen und ersetzen möchte, leitet sich glatt aus den realen Verhältnissen ab. ... (Man) kann ... die Katastrophe des Ödipus-Komplexes – die Abwendung vom Inzest, die Einsetzung von
Gewissen und Moral – als einen Sieg der Generation über das Individuum auffas-
sen."
(Aus: *„Einige psychische Folgen des anatomischen Geschlechtsunterschieds"*,
S. 341, 347)

IV.a)„Das Über-Ich ist aber nicht einfach ein Residuum der ersten Objektwahlen des
Es, sondern es hat auch die Bedeutung einer energischen Reaktionsbildung gegen
dieselben. Seine Beziehung zum Ich erschöpft sich nicht in der Mahnung: So (wie
der Vater) *sollst* du sein, sie umfaßt auch das Verbot: So (wie der Vater) *darfst* du
nicht sein, das heißt nicht alles tun, was er tut; manches bleibt ihm vorbehalten.
Dies Doppelangesicht des Ichideals leitet sich aus der Tatsache ab, daß das Ichideal zur Verdrängung des Ödipuskomplexes bemüht wurde, ja, diesem Umschwung erst seine Entstehung dankt. Die Verdrängung des Ödipuskomplexes ist
offenbar keine leichte Aufgabe gewesen. Da die Eltern, besonders der Vater, als
das Hindernis gegen die Verwirklichung der Ödipuswünsche erkannt werden,
stärkte sich das infantile Ich für diese Verdrängungsleistung, indem es dies selbe
Hindernis in sich aufrichtete. Es lieh sich gewissermaßen die Kraft dazu vom Vater
aus, und diese Anleihe ist ein außerordentlich folgenschwerer Akt. Das Über-Ich
wird den Charakter des Vaters bewahren, und je stärker der Ödipuskomplex war,
je beschleunigter (unter dem Einfluß von Autorität, Religionslehre, Unterricht,
Lektüre) seine Verdrängung erfolgte, desto strenger wird später das Über-Ich als
Gewissen, vielleicht als unbewußtes Schuldgefühl über das Ich herrschen." (Hervorhebung im Text)

b)„Das Ichideal ist also der Erbe des Ödipuskomplexes und somit Ausdruck der
mächtigsten Regungen und wichtigsten Libidoschicksale des Es. Durch seine Auf-
richtung hat sich das Ich des Ödipuskomplexes bemächtigt und gleichzeitig sich
selbst am Ende unterworfen. Während das Ich wesentlich Repräsentant der Außenwelt, der Realität ist, tritt ihm das Über-Ich als Anwalt der Innenwelt, des Es,
gegenüber. Konflikte zwischen Ich und Ideal werden, darauf sind wir nun vorbereitet, in letzter Linie den Gegensatz von real und psychisch, Außenwelt und Innenwelt, widerspiegeln."

c)„Hingegen läßt sich sagen, was sich hinter der Angst des Ichs vor dem Über-Ich,
der Gewissensangst, verbirgt. Vom höheren Wesen, welches zum Ichideal wurde,
drohte einst die Kastration, und diese Kastrationsangst ist wahrscheinlich der
Kern, um den sich die spätere Gewissensangst ablagert, sie ist es, die sich als Gewissensangst fortsetzt."

d) „Wir kennen das Auftreten von Todesangst unter zwei Bedingungen, die übrigens denen der sonstigen Angstentwicklung durchaus analog sind, als Reaktion auf eine äußere Gefahr und als inneren Vorgang, zum Beispiel bei Melancholie. Der neurotische Fall mag uns wieder einmal zum Verständnis des realen verhelfen.

85 Die Todesangst der Melancholie läßt nur die eine Erklärung zu, daß das Ich sich aufgibt, weil es sich vom Über-Ich gehaßt und verfolgt anstatt geliebt fühlt. Leben ist also für das Ich gleichbedeutend mit Geliebtwerden, vom Über-Ich geliebt werden, das auch hier als Vertreter des Es auftritt. Das Über-Ich vertritt dieselbe schützende und rettende Funktion wie früher der Vater, später die Vorsehung

90 oder das Schicksal. Denselben Schluß muß das Ich aber auch ziehen, wenn es sich in einer übergroßen realen Gefahr befindet, die es aus eigenen Kräften nicht glaubt überwinden zu können. Es sieht sich von allen schützenden Mächten verlassen und läßt sich sterben. Es ist übrigens immer noch dieselbe Situation, die dem ersten großen Angstzustand der Geburt und der infantilen Sehnsucht-Angst zu-

95 grunde lag, die der Trennung von der schützenden Mutter.
Auf Grund dieser Darlegungen kann also die Todesangst wie die Gewissensangst als Verarbeitung der Kastrationsangst aufgefaßt werden. Bei der großen Bedeutung des Schuldgefühls für die Neurosen ist es auch nicht von der Hand zu weisen, daß die gemeine neurotische Angst in schweren Fällen eine Verstärkung durch die

100 Angstentwicklung zwischen Ich und Über-Ich (Kastrations-, Gewissens-, Todesangst) erfährt."
(Aus: „*Das Ich und das Es*", S. 384 f., 400 f.)

Quelle: Sigmund Freud. Werkausgabe in zwei Bänden. Bd. I: Elemente der Psychoanalyse. Herausgegeben und mit Kommentaren versehen von Anna Freud und Ilse Grubrich-Simitis. S. Fischer Verlag, Frankfurt a. M. ²1979

Themenvorschläge für Klausuren

Beispiel 1 (geeignet für eine elfte Klasse, aber auch für einen Grundkurs)

Text: Von E 72 („Schon am frühen Morgen …") bis E 73 („… und streckte und blähte sich")

Arbeitsanweisungen:
- Welche Hinweise im Text geben Aufschluß über Gregors veränderte Situation?
- Welche Rolle spielt in der ganzen Erzählung für Gregor die Schwester? Belegen Sie Ihre Ausführungen anhand verschiedener Textbeispiele!

Beispiel 2 (geeignet für einen Grundkurs, auch für eine erweiterte Grundkurs-Klausur unter Abitursbedingungen, sowie für einen Leistungskurs)

Text: Von E 68 („‚Mutter, Mutter,' sagte Gregor leise …") bis E 70 („… dann war es endlich still")

Arbeitsanweisungen:
- Erläutern Sie die Bedeutung dieser Textstelle für den Aufbau der Erzählung!
- Geben Sie einen Überblick über die Art der Beziehungen zwischen Gregor und seinem Vater (Textbelege)!
- Worin sehen Sie Gründe dafür, daß Vater Samsa für Gregor mehr ist als nur der leibliche Erzeuger?

Beispiel 3 (geeignet für einen Leistungskurs)

Text: Von E 87 („Die Nächte und Tage verbrachte Gregor …") bis E 89 („… in dieses Zimmer hineinzustellen")

Arbeitsanweisungen:
- Skizzieren Sie anhand der vorliegenden Textstelle die Stadien von Gregors zunehmendem Verfall!
- Sammeln Sie aus diesem Textabschnitt Belege für ein aggressives Verhalten Gregors und erläutern Sie ihren Stellenwert!
- Trägt Gregors Verhalten insgesamt überwiegend aggressive oder regressive Züge? Begründen Sie ausführlich Ihre Meinung!

Literaturverzeichnis

A. Texte

Franz Kafka, Sämtliche Erzählungen. Hrsg. von P.Raabe, Frankfurt am Main 1979 (= Fischer Taschenbuch 1078)

Franz Kafka, Brief an den Vater. Mit einem Nachwort von W.Emrich, Frankfurt am Main 1979 (= Fischer Taschenbuch 1629)

Franz Kafka, Briefe an Milena. Hrsg. und mit einem Nachwort versehen von W.Haas, Frankfurt/M. 1952 (als Fischer Taschenbuch 756 erschienen, Frankfurt am Main 1977)

Franz Kafka, Tagebücher 1910–1923. Hrsg. von M.Brod, Frankfurt am Main 1980 (= Fischer Taschenbuch 1346)

B. Sekundärliteratur

Hier sind auch die im Rahmen der Werkinterpretation herangezogenen Quellentexte miteingeordnet.

H.Binder, Kafka-Handbuch. Bd.I: Der Mensch und seine Zeit; Bd.II: Das Werk und seine Wirkung; Stuttgart 1979

H.Binder, Kafka-Kommentar zu sämtlichen Erzählungen, München ²1977

H.Binder, Kafka-Kommentar zu den Romanen, Rezensionen, Aphorismen und zum Brief an den Vater, München (1976)

L.Dietz, Franz Kafka, Stuttgart 1975 (= Sammlung Metzler 138)

W.Emrich, Franz Kafka. Das Baugesetz seiner Dichtung. Der mündige Mensch jenseits von Nihilismus und Tradition, Wiesbaden ⁸1975

K.-H.Fingerhut, Die Funktion der Tierfiguren im Werke Franz Kafkas, Bonn 1969

S.Freud, Werkausgabe in zwei Bänden. Hrsg. und mit Kommentaren versehen von A.Freud und I.Grubrich-Simitis. Bd.I: Elemente der Psychoanalyse; Bd.II: Anwendungen der Psychoanalyse; Frankfurt am Main ²1979

Hesiod, Theogonie. In: Die griechischen Sagen. In Bildern erzählt von E.Lessing, München (1977)

H.Hunger, Lexikon der griechischen und römischen Mythologie, Reinbek bei Hamburg 1974 (= rororo 6178)

H.-J.Kraus, Vatername Gottes im Alten Testament. In: Die Religion in Geschichte und Gegenwart. Hrsg. von K.Galling. Bd.VI. Tübingen ³1962, Sp.1233f.

G.Mensching, Vatername Gottes (religionsgeschichtlich). In: Die Religion in Geschichte und Gegenwart. Hrsg. von K.Galling. Bd.VI. Tübingen ³1962, Sp.1232f.

H. Politzer, Franz Kafka. Der Künstler, Frankfurt am Main 1978 (= Suhrkamp Taschenbusch 433)

H.Politzer (Hrsg.), Franz Kafka (Wege der Forschung Bd.CCCXXII), Darmstadt 1973

R. von Ranke-Graves, Griechische Mythologie. 2 Bde., Reinbek bei Hamburg 1979 (= rde 113, 115)

W.Rothe, Kafka in der Kunst, Stuttgart und Zürich (1979)

W.H.Sokel, Franz Kafka. Tragik und Ironie, Frankfurt am Main 1976 (= Fischer Taschenbuch 1790)

U.Stamer, Sprachstruktur und Wirklichkeit in Kafkas Erzählung „Auf der Galerie". In: Festschrift für K.H.Halbach (Göppinger Arbeiten zur Germanistik, Bd. 70), Göppingen 1972, S. 427–452

J. Urzidil, Da geht Kafka, München 1966

J. Urzidil/A. Jaenicke, Prag – Glanz und Mystik einer Stadt, Krefeld (1966)

G. Wachmeier, Prag. Ein Kunst- und Reiseführer, Stuttgart/Berlin/Köln/Mainz [3]1975

K. Wagenbach, Franz Kafka in Selbstzeugnissen und Bilddokumenten, Reinbek bei Hamburg 1966 (= rm 91)

E. Würthwein, Gott in Israel. In: Die Religion in Geschichte und Gegenwart. Hrsg. von K. Galling. Bd. II. Tübingen [3]1958, Sp. 1705 ff.

Stundenblätter für die Sekundarstufe II

Udo Müller
Stundenblätter
Lenz/Brecht: Der Hofmeister
Lenz/Kipphardt: Die Soldaten

88 Seiten + 18 Seiten Beilage, geh., Klettbuch 927171

Zweifellos war es die Affinität der Lenzschen Werke zu ihrem eigenen dramatischen Schaffen, die Autoren wie Brecht und Kipphardt zu einer Neubearbeitung der Lenz-Stücke bewogen hat. – Ein Vergleich der Originale mit den modernen Bearbeitungen erschließt die zeitspezifischen Besonderheiten der Originale und macht deutlich, welche Impulse Lenz der antiaristotelischen Dramenform der Moderne gegeben hat.

Wolfgang Salzmann
Stundenblätter „Woyzeck"
Eine literatursoziologische Analyse

38 Seiten + 15 Stundenblätter Beilage, geh., Klettbuch 92737

Der Autor bemüht sich – trotz Dominanz des literatursoziologischen Aspektes – um eine ganzheitliche Interpretation des Dramas. Was an zeitgeschichtlichem und biographischem Hintergrund in das Werk einfließt wird ebenso herausgestellt wie Büchners politische Stellung im Tagesgeschehen und seine dichtungstheoretischen Äußerungen. Zusammen mit der Analyse von Kernstellen und einem Beitrag zur Wirkungsgeschichte des Dramas werden damit alle relevanten Aspekte der Interpretation abgedeckt.

Uwe Stamer
Stundenblätter
Literatur des Mittelalters
Ein Epochenaufriß

77 Seiten + 20 Seiten Beilage, geh., Klettbuch 927211

Das Unterrichtsmodell gliedert sich in fünf Teilsequenzen: Dichtung als Appell / Die Rolle der Frau in der Gesellschaft / Die Formen des Rittertums / Der Mensch vor Gott / Epigonentum und Parodie.
Den Schwerpunkt bildet die staufische Klassik um 1200, doch auch die Wegbereiter und die Epigonen kommen ausführlich zu Wort. Die Dichtung in ihrer gesellschaftlichen Funktion wird zu Beginn problematisiert, die Leitgedanken des Nachfolgenden sind bestimmt durch die gestaltenden Kräfte der Zeit: Minne, Rittertum, Religion.

Jürgen Wolff
Stundenblätter „Der Untertan"
Interpretationsmethoden – Arbeitstechniken – Sozialformen

163 Seiten + 39 Seiten Beilage, kart., Klettbuch 928411

Die Stundenblätter zu Heinrich Manns „Der Untertan" bieten ein inhaltlich und methodisch-didaktisch variables Unterrichtsmodell. Im Mittelpunkt steht eine Kernunterrichtseinheit mit den Schwerpunkten „Die literarisch-ästhetische Vermittlung der historisch-sozialen Realität im Roman" sowie „Probleme der Rezeptionsgeschichte des Romans".

Stundenblätter für die Sekundarstufe I

Günther Busse
Stundenblätter Aufsatz 7./8. Schuljahr
100 Seiten + 17 Seiten Beilage, geh., Klettbuch 920561

Günter Graf
Stundenblätter
Der Wildwestroman
Eine exemplarische Analyse für die Klassen 8/9/10
64 Seiten + 16 Seiten Beilage, geh., Klettbuch 927221

Gesine Jaugey
Stundenblätter
„Schimmelreiter" und „Judenbuche" im Vergleich
42 Seiten + 14 Seiten Beilage, geh., Klettbuch 92739

Gesine Jaugey
Stundenblätter „Kleider machen Leute" / „Taugenichts"
70 Seiten + 20 Seiten Beilage, geh., Klettbuch 924011

Stephan Lehle
Stundenblätter „Insel der blauen Delphine"
Eine moderne Robinsongeschichte für die Klassen 6/7
60 Seiten + 19 Seiten Beilage, geh., Klettbuch 927191

Ekkehart Mittelberg
Stundenblätter Boulevardpresse
Erscheinungsform und Wirkung
50 Seiten + 12 Seiten Beilage, geh., Klettbuch 927151

Wolfgang Salzmann
Stundenblätter Kurzgeschichten für die Sekundarstufe I
44 Seiten + 18 Seiten Beilage, geh., Klettbuch 92738

Günter Scholdt / Dirk Walter
Stundenblätter „Hauptmann von Köpenick"
49 Seiten + 14 Seiten Beilage, geh., Klettbuch 927131

Stundenblätter gibt es auch für die Fächer Geschichte und Geographie.

Gibs auf!"; „Der Aufbruch"; „Kleine Fabel"; Bildband über Prag
t"); Tafelanschrieb; Bildprojektion

Umwelt soll hier sichtbar gemacht werden als sinngebender Faktor für Kafkas
Ideenwelt. Wegen des notwendigen Textbezuges konzentriert sich die Auswahl
auf
– steile Treppen
– lange Gänge
– Gassengewirr u. ä.

Gut geeignet sind z. B. folgende Aufnahmen:
– die Treppenarchitektur im Fürstenberg-Garten
– das Treppenhaus im Palais Clam-Gallas
– Innenhöfe in der Altstadt

(vgl. Urzidil/Jaenicke, S. 115, 116, 159, 167)

Da hier bei den Schülern der emotional-affektive Bereich angesprochen werden
soll, muß genügend Zeit zur Betrachtung und Verbalisierung der Empfindungen
gegeben sein.

Die Texte müssen – auch in sprachlicher Hinsicht – intensiv durchgearbeitet
werden (Randnotizen).

Die Bearbeitung der Aufgaben kann auch synchron erfolgen. Drei Ziele verfolgt
der Lehrer bei seiner Mitarbeit in den Gruppen:
– die Ebene der konkreten Deutung darf vorerst nicht verlassen werden
– die Schüler versuchen, die Überlagerung durch das Traumhaft-Unwirkliche
  präzise zu formulieren
– die Satzstrukturen müssen sorgfältig analysiert werden

Stundenblatt Nr. 1 A (R)	Einführung in die Geisteswelt Fr der Prager Baukunst/Ausgewäh
Phase 4: Auswertung der Gruppenarbeit	Rundgespräch Tafelanschrieb
Phase 5: Nochmalige Projektion der Treppen des Fürstenberg-Gartens (Feedback, fakultativ) Skizzierung der Gestalt des Türhüters	Plenum Freies Gespräch Lehrervortrag
Phase 6: Erkennen der Schwierigkeit, Kafka eindeutig zu interpretieren, am Beispiel von drei weiteren Kurzerzäh- lungen . Textlektüre: „Gibs auf!" (E 358) „Der Aufbruch" (E 321) „Kleine Fabel" (E 320)	Einzelarbeit
Phase 7: Einsicht in den Prozeß gestörter Kommunikationsabläufe Vermittlung existentieller Grenz- bereiche	Klassengespräch

schrieb

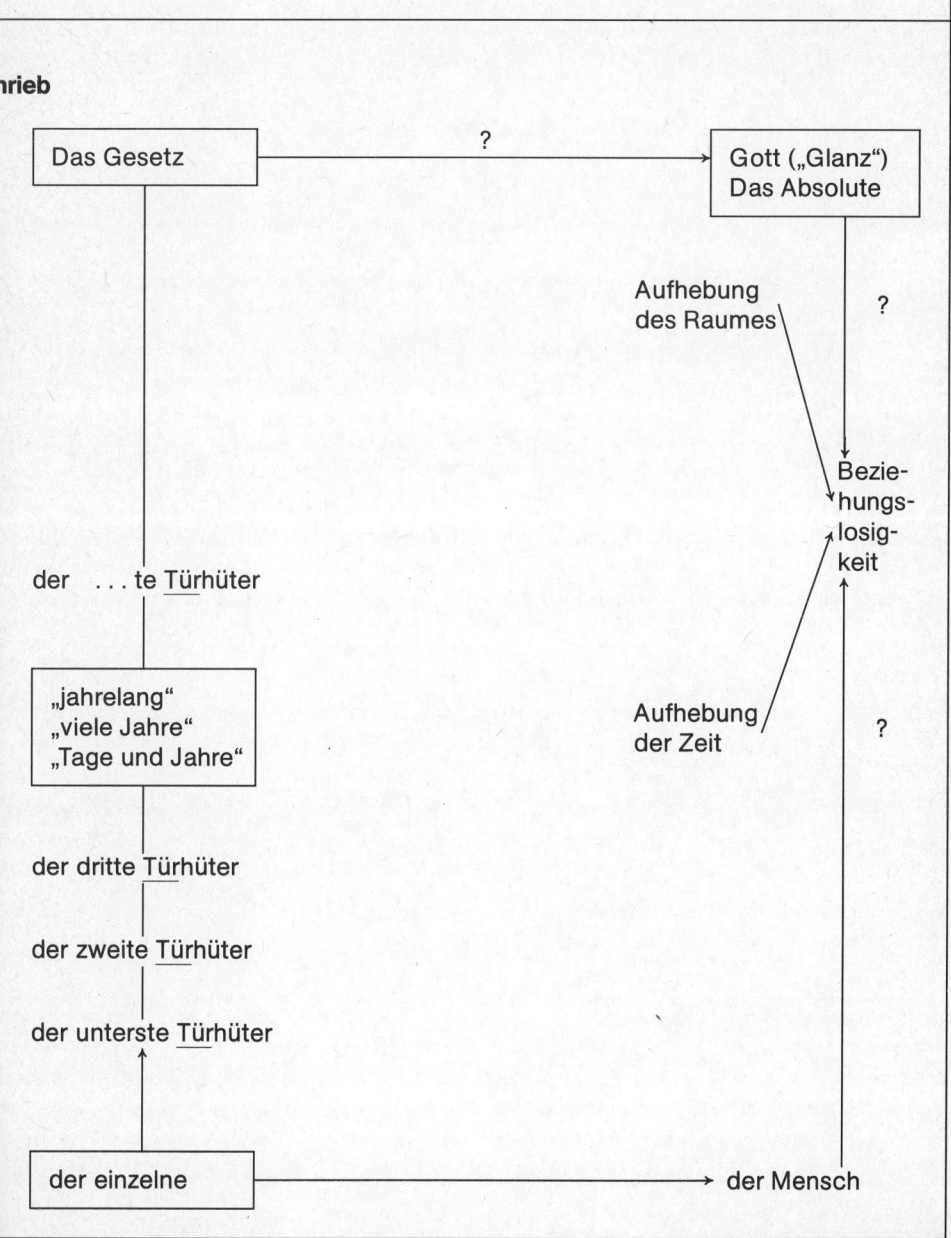

st" (ausgewählte Bilder/Projektion); Tafelanschrieb

Dieses Brainstorming ist im Sinn eines kooperativen Zusammenspiels und nicht als ein Abfragen zu verstehen. Es bietet dem Schüler die (sicher nicht unwillkommene) Gelegenheit, seine auch vom Affektiven bestimmte Reaktion auf den Text spontan zu äußern. Auch nach einem vorbereiteten Kennenlernen von Kafkas Vorstellungswelt (1./2. Stunde) ist entschiedene Ablehnung denkbar („So ein Blödsinn!"). Bemerkungen dieser Art – wie aber auch positive Erwiderungen – können gesammelt werden (Heftnotiz), damit jeder Schüler diese nach der Besprechung nochmals prüfen kann.

Problem der Darstellung des Geschehens bzw. der Abbildbarkeit der Käfergestalt:
a) Yosl Bergner: Die Verwandlung (Rothe, a.a.O., Abb. Nr. 36): naturalistisch-ekelerregende Zeichnung eines auf dem Rücken liegenden Käfer-Monstrums, das dem Geigenspiel der Schwester zuhört
b) Ottomar Starke: Die Verwandlung (Titelzeichnung zur Ausgabe des Kurt Wolff Verlages, Leipzig 1916; Rothe, a.a.O., Abb. Nr. 1): Anblick eines Mannes, der in völliger Verzweiflung die Hände vors Gesicht schlägt; offenstehende Tür zum Nebenzimmer; der Käfer selber ist nicht zu sehen

Zielpunkte der Diskussion:
1. Neugier und Ekel sind Medien der Distanzierung – sie aber will die Erzählung verhindern.
2. Das Bild zeigt nur die äußere Form – die Darstellung innerseelischer Regungen bleibt der Sprache vorbehalten.
3. Formen der menschlichen Nicht-Existenz entziehen sich der objektiven Figuration.

Kurze Skizzierung von Kafkas ablehnender Haltung; Information über seine eigenen Vorschläge (vgl. Brief an seinen Verleger)

Stundenblatt Nr. 2 (R)	Sammeln erster Erzähleindrück lichen Darstellung der Käferges
Phase 4: Vergleich mit anderen „Tier- geschichten" (keine Fabeln) Herausarbeitung der Unterschiede	<u>Rundgespräch</u> Die Schüler bringen ihre Märchen- kenntnisse ad hoc zur Sprache (Texte entbehrlich).
Phase 5: Sammeln der Ergebnisse	<u>Klassengespräch</u> <u>Tafelanschrieb</u>

Hausaufgabe:
Gründliches Durcharbeiten des ersten Teils (E 56–70; Textanmerkungen/Heftnotiz
– allgemeine Familiensituation
– Gregors Reaktionen auf seine veränderte Physis
– Gregors Bezug zu den Eltern

der Wohnung von Familie Samsa/Kafka (Tafelbild)

Für die Gruppenarbeit sollte der Lehrer etwa die Hälfte der zur Verfügung stehenden Zeit in Anspruch nehmen. Dies ist ausreichend, denn die Schüler sind inzwischen mit der Materie gut vertraut, auch hat hier das „Sammeln" noch vor jedem
„Deuten" den Vorrang. Wortgenaue Beobachtung auch scheinbar nebensäch-
licher Einzelheiten ist bei der Textanalyse oberstes Gebot.
Da die Leitfragen der Gruppenarbeit weithin an die Hausaufgabe anknüpfen,
bietet sich dem Lehrer gleichzeitig die Möglichkeit der Ergebniskontrolle.

Folie

Folgende Ergebnisschwerpunkte sollten gesetzt werden:

Für Gruppe 1:
- Existenz eines menschlichen Bewußtseins in einem tierischen Körper
- Verdrängung der neuen Wirklichkeitserfahrung
- Die Bestätigung der Verwandlung durch die Umwelt führt zum endgültigen
  Ausgeschlossensein

Für Gruppe 2:
- Mutter: hilflos, weinerlich, gutmütig
- Schwester: sanft, vertraut, hilfreich, klagend
- Vater: ungeduldig, herrisch, feindselig, bedrohlich

Für Gruppe 3:
- demütiges, unterwürfiges Verhalten (Geldschuld des Vaters!)
- zu diesem Beruf bei dieser Firma „verurteilt"
- nicht ohne Selbstbewußtsein; bereit, sich zu verteidigen

Stundenblatt Nr. 3 A (R)	Der Prozeß der animalischen Be Die Lage von Gregors Zimmer
Phase 3: Erstellen einer Planskizze der Samsaschen Wohnung (Phase 3 kann auch in Phase 2 integriert werden.)	Gemeinsames Erarbeiten durch <u>Gespräch</u> und <u>Textlektüre</u> (Belege sammeln) Das Tafelbild kann auch von einem Schüler gezeichnet werden.

Hausaufgabe:
Intensive Lektüre des zweiten Teils (E 70–85; Textanmerkungen/Heftnotizen) unter
- Gregors weitere Entwicklung hin zum Tierischen
- Wie gestaltet sich nun die Familiensituation?

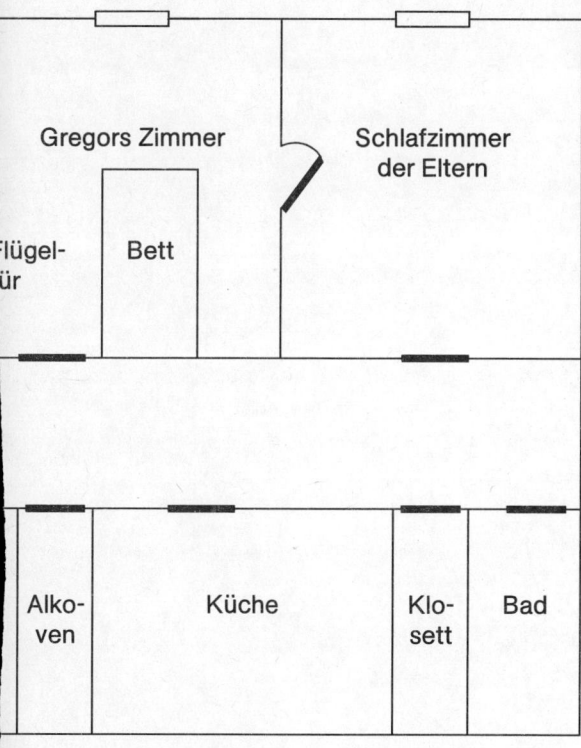

Mögliche Hinweise von seiten des Lehrers während seiner Mitarbeit in den Gruppen:

Für Gruppe 1:
- Gregors innere Identifizierung mit seiner äußeren Gestalt vor allem aufgrund des bestätigenden Verhaltens seiner Umwelt (Teil I)
- Problem der Kontinuität des seelischen Empfindens

Für Gruppe 2:
- Einstieg: Die veränderte Rolle des Vaters
- Die finanzielle Situation

Für Gruppe 3:
- Wie kommt es bei Gregor zu einer Änderung seines Wunsches nach Ausräumung seines Zimmers?
- Verhältnis objektive/subjektive Wahrheit:
  Einstieg: Die Worte der Schwester: „Gregor ist ausgebrochen" (E 83)

Ergebnisschwerpunkte (Textbelege im Stundenkommentar):

Für Gruppe 1:
1. Zunahme der Identifikation
   - äußerlich: allmähliche Gewöhnung an tierisches Verhalten
   - innerlich: „weniger Feingefühl"

2. Distanzierende Rücksichtnahme als Ausdruck des Andersseins
   - rechtzeitiges Zurückziehen ⎱ eher Flucht als
   - Bedecken mit dem Leintuch ⎰ Schutz für andere

3. Reduktion der Kommunikation auf rein passive Wahrnehmung
   - Kontakt zur Außenwelt durch ⎫ Tür und Fenster als
     Beobachtungen hinter dem Fenster ⎬ Kommunikations-
   - Lauschen an der Tür ⎭ sperren

Phase 3: Biologische Sachinformation: „Der Mistkäfer – Spezies der Skarabäiden"	<u>Schülerreferat</u>

Hausaufgabe:
Intensives Durcharbeiten des dritten Teils (E 85–99); Leitgesichtspunkte:
- das Verhalten der Familie angesichts von Gregors zunehmendem Verfall
- die Verwandlung: Aggression oder Regression?

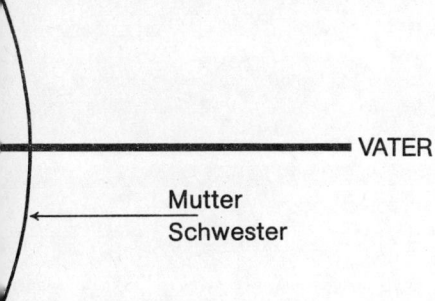
VATER

Mutter
Schwester

): Projektion ausgewählter Bilder; Tafelanschriebe

Gruppenarbeit ist hier zwar auch möglich, aber nicht notwendig, da die Erzählung im Sinne der bereits erkannten Strukturen zu Ende geführt wird.

Folgende Ergebnisschwerpunkte sollten erarbeitet werden:

1. fortlaufende Verschlechterung von Gregors physischem und psychischem Zustand bei zunehmender Gleichgültigkeit der Familie

2. bildhaft-konkrete Nähe Gregors und seiner unmittelbaren Umgebung zu Abfall und Unrat (gleichzeitig Verstärkung des Ekel-Motivs)

3. (ungleicher) Kampf zwischen Lebensuntüchtigkeit (Gregor) und derbem Vitalismus (Bedienerin)

4. klimaktisch aufgebaute Terminologie der Abwertung

5. Reaktion der Familie auf Gregors Tod

Die bisweilen etwas versteckten Motive der Aggression und Offensive sollten auch ausgedehnt werden auf Äußerungen über (angebliche) diesbezügliche Verhaltensformen Gregors.

Der Lehrer gibt bei seiner Teilnahme an den verschiedenen Gesprächen Hinweise und Erläuterungen, jedoch noch keine Deutungen.

Als Belege lassen sich anführen:
– Gregors Plan, den Prokuristen am Fortgehen zu hindern (E 68)
– Gregors „Hervorbrechen", um das Ausräumen seines Zimmers zu unterbinden (E 81 f.)
– Gregors Absicht, u. U. Grete ins Gesicht zu springen (E 82)
– Gregors Vorhaben, sich aus der Speisekammer das zu holen, „was ihm gebührte" (E 87)
– Gregors Entrüstung angesichts der schlechter werdenden Pflege (E 88)
– Gregors Angriffslust gegenüber der Bedienerin (E 89)
– Gregors Plan, die Schwester in seinem Zimmer gefangenzuhalten und mit seiner „Schreckgestalt" die anderen zu verwirren (E 92)
– der Vorwurf parasitärer Absichten von seiten der Schwester (E 95)
– das Käferdasein als Ganzes (die schmarotzende Existenz auf dem Kanapee)

Stundenblatt Nr. 5A (R)	Gregors Ende/Aggression ode Schwester/Die Bedeutung von
Phase 3: Ergebnissicherung Funktionale Einordnung im Vergleich mit den zentralen Motiven (Zusammenfassung und Ergänzung)/Ausblick auf das Biographische	Freies Gespräch Lehrervortrag Tafelanschrieb II
Phase 4: Untersuchung des Verhältnisses zwischen Gregor und seiner Schwester	Einzelarbeit Leitfragen: 1. Inwiefern hat sich das Verhältnis zwischen Bruder und Schwester im dritten Teil der Erzählung geändert a) von Gregor b) von Grete aus gesehen? 2. Durch welche Ereignisse wurde diese Änderung hervorgerufen?
Phase 5: Ergebnissicherung	Freies Gespräch (mit Textbezug)

Phase 6–8 dienen der unmittelbaren Bezugnahme auf Kafkas besondere Lebensumstände (die biographisch orientierte Deutung wird grundsätzlich beibehalten).

Die genannten Sozialformen sollen einander ergänzen. Die Einteilung von Lehrervortrag und Schülerreferat bezüglich der inhaltlichen Zuordnung, der Vortragsfolge, der Art der Kooperation usw. kann der Lehrer i.e. selbst entscheiden, doch sollten die Grundstrukturen von Kafkas Leben von Schülerseite skizziert werden, während der Lehrer vornehmlich Detailkenntnisse vermittelt.

Hauptpunkte des Lehrervortrags über das Verhältnis der Geschwister zueinander (Belege im Textteil):
- Vertrautheitsinsel innerhalb der Familie
- Offensichtlichkeit der sexuellen Komponente
- Gemeinsamkeit des Vaterproblems

Bildprojektion (Quelle: Wagenbach, „Kafka" [rm 91])/Fotos von Franz und Ottla:
- Franz (Abb. S. 43, 96, 129, 132)
- Ottla (Abb. S. 111)
- Franz und Ottla (Abb. S. 93, 112)

Die Ähnlichkeit der Beziehungen ist offenkundig, darf aber nicht überinterpretiert werden.

Sachlich wie didaktisch kann es reizvoll sein herauszuarbeiten, wo der Autor den Raum des Realen verläßt. Dabei sollte, als Besonderheit der fiktiven Wirklichkeitswelt, hingewiesen werden auf:
- die extreme Entfremdung des Bruders innerhalb der Familie
- die Wahrnehmung seiner Existenz nur in Form von Ekel und Abscheu
- seinen Rückzug in die reine Passivität

Tafelar

Gregors Ende

körperliche Lähmung

fast völlige Schlaflosigkeit

Nahrungsverweigerung

totale Gleichgültigkeit

„zum Sterben müde und traurig"

Rührung und Liebe zur Familie

der; F. Kafka, „Brief an den Vater" (Fischer Tb. 1629); Tafelanschrieb

Informationsschwerpunkte sollten sein:
a) die Familie (zur Schwester Ottla s. Stundenblatt Nr. 5)
   – der Vater (Wagenbach, Abb. S. 14, 118)
   – die Mutter (Abb. S. 15)
   – das väterliche Geschäft (Abb. S. 25)
b) Kindheit und Schulzeit (Abb. S. 21, 27, 32, 37; diese Aufnahmen des Heran-
   wachsenden beeindrucken durch den Ausdruck der Augen, vgl. auch Abb.
   S. 47!)
c) die berufliche Tätigkeit (Abb. S. 65, 67)
d) die unbürgerliche Aufteilung von Tag und Nacht
e) die Beziehungen zu Félice Bauer (Abb. S. 109), Milena Jesenská (Abb. S. 122),
   Julie Wohryzek und Dora Diamant (Abb. S. 131)
f) fakultativ: Bekanntschaften/Prager Stadtansichten (beliebige Auswahl aus
   Wagenbach und Urzidil/Jaenicke, „Prag – Glanz und Mystik einer Stadt", vgl.
   Stundenblatt Nr. 1)

Arbeitsgleiche Gruppenarbeit ist hier angesichts der Vielfalt der Deutungsmög-
lichkeiten – z. B. nach literarischen, biographischen, psychoanalytischen, sozial-
historischen Grundsätzen – notwendig. Die Mitarbeit des Lehrers kann u. U. zunächst eher zurückhaltend sein – manche der im Text angesprochenen Probleme
sind, zumindest latent bzw. partiell, häuslichen Konfliktsituationen von Jugendlichen vergleichbar.
Dagegen sind Hinweise des Lehrers, die das Gesamtverständnis erleichtern, angebracht, etwa auf
1. die von einem gewissen Vulgärmaterialismus geprägte Situation Hermann
   Kafkas als eines böhmischen Landjuden, der, aus eigener Kraft emporgekom-
   men, um den Fortbestand seines Besitzes fürchtete
2. die Lage des Sohnes, der seinen Beruf haßte und, zum Geldhorten unfähig,
   weithin in der Literatur lebte
3. das Herausarbeiten bzw. Klarstellen der Empfindungen und Emotionen, die in
   diesem Text angesprochen werden
4. die Strukturierung der alttestamentlich-jüdischen Gottesvorstellung, in der
   Jahwe nicht selten als Richter und Rächer auftritt (fak.)
5. den Kronos-Uranos-Mythos (fak.)
6. ödipale Konfliktsituationen (Freud) (fak.)
7. die Wiederkehr bestimmter Motive (z. B.: der Vater als Richter über Leben und
   Tod: S. 40, 42, 50, 60)
8. direkte und mittelbare Anklänge zwischen dem „Brief an den Vater" und der
   „Verwandlung"

Phase 3: Sammeln der Ergebnisse	<u>Klassengespräch</u> Tafelanschrieb (wird gemäß dem Diskussionsverlauf erstellt)

Hausaufgabe:
Folgende Texte sollen von den Schülern vorbereitet werden:
- „Das Urteil" (E 23ff.)
- „Heimkehr" (E 320f.)
- Das Gleichnis vom verlorenen Sohn (Lk. 15, 11–32)

Der Lehrer kann die Punkte vier bis sechs hier auch ausklammern und ihre Behandlung ganz in die Schlußstunden verlegen. Vorbereitende Andeutungen – manches dazu wird auch von den Schülern angesprochen werden – sind allerdings in jedem Fall angebracht.

Als Ergebnisschwerpunkte sollten festgehalten werden:

a) Klassifizierung des Vaters:
- Repräsentant einer bürgerlich-patriarchalischen Weltordnung
- Hüter und Wahrer eines normativen Sittenkodexes mit strengen Geboten und Verboten
- Vorkämpfer des Kapitalismus
- despotischer Tyrann
- gottähnliche Autorität, die über Leben und Tod des Sohnes entscheidet
- „die letzte Instanz"

b) (Selbst)Einschätzung und Verhalten des Sohnes:

	aber auch	
– minderwertig		– hochmütig
– schuldbeladen		– kritisch
– winzig		– verächtlich
– schmarotzerhaft		– distanziert
– Versager		
– permanente Frustrationsangst		

Der Tafelanschrieb (variabel) muß die „Stoßrichtung" in ihrer Stärke deutlich zum Ausdruck bringen.

Tafelanschrieb

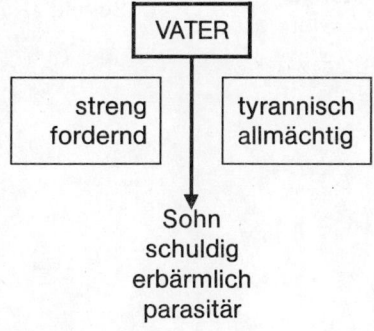

Stundenblatt Nr. 6	Lebensabriß Kafkas; Der „Brief

Materialien und Medien: K. Wagenbach, „Kafka" (rm 91): Projektion ausgewählter B

Phase 1: Lebensabriß Kafkas	Schülerreferate Bildprojektion
Phase 2: Besprechung des „Briefes an den Vater" Aufzeigen der biographischen Hintergründe Vorausdeutung auf weitere werktranszendierende Deutungsformen (fakultativ; s. 12.–14. Stunde)	Gruppenarbeit (arbeitsgleich): Leitfrage: – Wie sieht der Sohn den Vater und das Verhältnis zwischen beiden? (möglicher Themenschwerpunkt: Formen der „Abhängigkeit" und „Schuld")

schrieb I

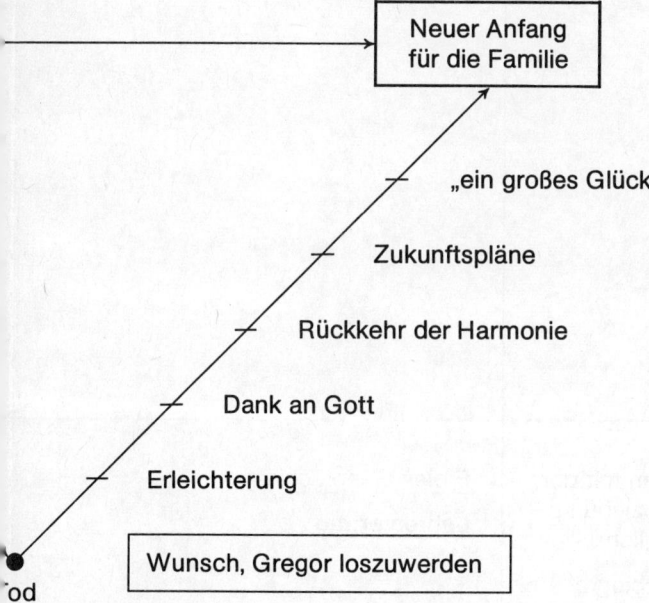

Neuer Anfang
für die Familie

„ein großes Glück"

Zukunftspläne

Rückkehr der Harmonie

Dank an Gott

Erleichterung

Wunsch, Gregor loszuwerden

Tod

Phase 6:
Erläuterung des biographischen
Hintergrundes (auch Leitprinzip für
die folgenden Phasen und Stunden):

Das Verhältnis zwischen Kafka und
seiner Schwester Ottla

Lehrervortrag

Schülerreferat

Bildprojektion

Phase 7:
Vergleich der biographischen mit der
literarischen Geschwisterbeziehung
(Integration in Phase 6 möglich)

Aufzeigen der Grenzen der biographisch bestimmten Deutungsmethode

Freies Gespräch

Lehrervortrag

Hausaufgabe:
Gründliche Lektüre von Kafkas „Brief an den Vater" (Fischer Taschenbuch 1629)

Wesentliche gehaltliche Komponenten des Textes werden (auch im Sinn einer Gesamtbeurteilung) (ggf. noch einmal) zur Sprache gebracht und präzisiert (Auflistung als Tafelanschrieb). Dazu gehören:

Tafelanschrieb II
- fremdorientiertes Identitätsbewußtsein
- Abhängigkeit von der Familie im Seelisch-Affektiven
- extrem übersteigerte Schuldgefühle
- masochistische Strafphantasien
- Verhängnis des Junggesellentums
- Verwandlung als Ausdruck der tiefsten Entfremdung vom eigenen Selbst und vom sozialen Bezugsfeld

Fazit:
Angesichts der Vielzahl und der Wichtigkeit regressionsorientierter Motive sind die Elemente der Aggression
- singulär
- als Re-aktion „verständlich" (Sonderfall: Bezug zur Schwester, s. u.)
- angesichts der grundsätzlichen Hilflosigkeit schon fast sarkastische Parodie
- Regression ist hier ein Zeichen der Ohnmacht und keine Form der Auflehnung

Ohne Schwierigkeiten kann der ganze Text einbezogen werden (die Schüler können auf Bekanntes zurückgreifen, auch ist die Rolle der Schwester bis zum Ende des zweiten Teils leicht zu erfassen).

Der Lehrer trägt in Einzelgesprächen zur Klärung der Fragen bei. Darüber hinaus besteht für ihn hier die Möglichkeit, Vorkehrungen für die kommenden Bildprojektionen zu treffen.

Folgende Gesichtspunkte sollten herausgearbeitet werden:
- Grete, bislang Gregors Vertraute und Objekt seiner liebenden Fürsorge (Konservatorium!), wird nun eindeutig zum Ziel seines inzestuösen Begehrens
- Gregor, bislang nur von Grete am Leben gehalten, wird immer mehr von der Schwester vernachlässigt; das Verlangen, ihn loszuwerden, wird von ihr ausgesprochen
- Ursache des Umschwungs: Gregors Verharren auf dem Bild an der Wand (Dame mit der Pelzboa) ⟶ Bruch des (erotisch gefärbten) Partnerschaftsverhältnisses

Stundenblatt Nr. 5A	Gregors Ende / Aggression oder Schwester / Die Bedeutung von *F*

Materialien und Medien: F. Kafka, „Die Verwandlung"; K. Wagenbach, „Kafka" (rm 9

Phase 1: Erarbeitung des Schlußteils der Erzählung (E 85–99)	Klassengespräch (fragend-entwickelnd)
Gesamtüberblick (außer Bezug zur Schwester, s. u.)	Tafelanschrieb I (vgl. S. 15) aus Punkt 1 und 5 (dem Unterrichtsverlauf folgend)
Phase 2: Sammeln aggressiver Verhaltensweisen und Gedanken bei Gregor	Partnerarbeit

Tafelanschrieb

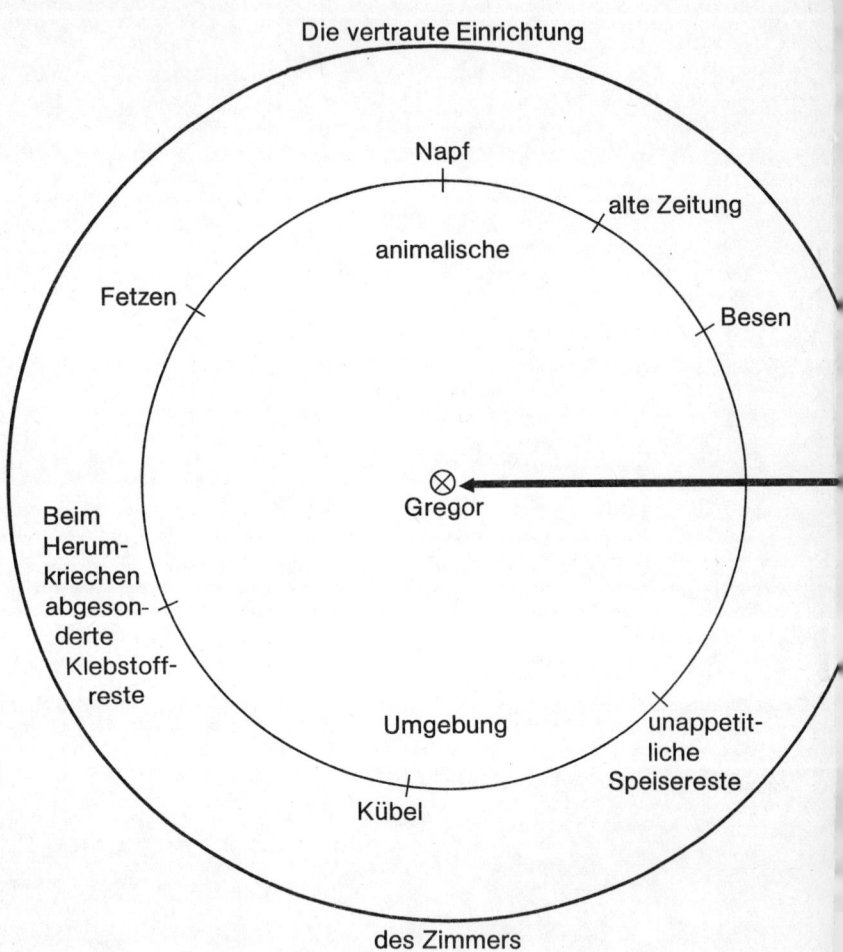

Die vertraute Einrichtung

Napf

alte Zeitung

animalische

Besen

Fetzen

⊗
Gregor

Beim
Herum-
kriechen
abgeson-
derte
Klebstoff-
reste

unappetit-
liche
Speisereste

Umgebung

Kübel

des Zimmers

Für Gruppe 2:

Familiensituation <u>vor</u> der Verwandlung:
- Gregor als alleiniger Ernährer der Familie
- Familie <u>gewöhnt sich</u> an den Zustand des Versorgtwerdens
- keine besondere Wärme

Familiensituation <u>nach</u> der Verwandlung:
- der Vater informiert über die neue Finanzsituation (Gregor wurde von ihm ausgenutzt!)
- Gregor wird immer mehr „abgeschoben"
- allmähliche <u>Gewöhnung</u> an die veränderte Lage

der Vater als Schmarotzer und Betrüger

Für Gruppe 3:
- letztes Aufbäumen Gregors als Endstadium der Identitätskrise
- fortwährende Isolation als Vorstufe des Untergangs
- unheilvolles Mißverständnis als Folge gegenseitiger Rücksichtnahme
- Höhepunkt des Widersinnigen: Das Gute (Gregors Hilfsbereitschaft) ist Mittel des Verderbens
- Wiedererstarken des Vaters vor der (vermeintlichen) Herausforderung durch den Sohn
- der Vater als todbringende, ins Surrealistische gesteigerte Instanz

Keine umfassenden Sacherklärungen, sondern bestätigende Auskunft über die biologische „Richtigkeit" von Gregors neuem Körperdasein („panzerartig harter Rücken", „bogenförmige Versteifungen" usw.). Das Referat sollte nicht früher angeboten werden, da sonst die Gefahr besteht, daß (später nur schwer abzubauende) Verstehensbarrieren auftreten.

Materialien und Medien: F. Kafka, „Die Verwandlung"; Tafelanschrieb

Phase 1: Erarbeitung des zweiten Teils (E 70–85)	Gruppenarbeit/ Leitfragen:
1. Inhaltliche Analyse nach thematischen Schwerpunkten	Gruppe 1: Skizzieren Sie die Stadien von Gregors zunehmender Animalisierung!
2. Gregors Entwicklung	
3. Vertiefende Herausarbeitung der familiären Strukturelemente	Gruppe 2: Schildern Sie die Situation der Familie vor und nach Gregors Verwandlung!
	Gruppe 3: Deuten Sie die Schlußszene des zweiten Teils (E 79 ff.)!
Phase 2: 1. Auswertung der Gruppenarbeit 2. Fertigung eines Tafelanschriebs (während der Diskussion der von Gruppe 1 und 3 erzielten Ergebnisse)	Klassen- bzw. Rundgespräch (fragend-entwickelnd) Die Arbeitsergebnisse der einzelnen Gruppen werden durch den jeweiligen Referenten vom Plenum erfragt (Mitwirkung aller!). Hauptgesichtspunkte bei der Diskussionsleitung (die auch ein guter Schüler übernehmen kann): – Präzision der Fragen – Wahrung des Kontextes – genaue Textbeachtung – Einhalten der hermeneutischen Kontinuität

Tafelbild

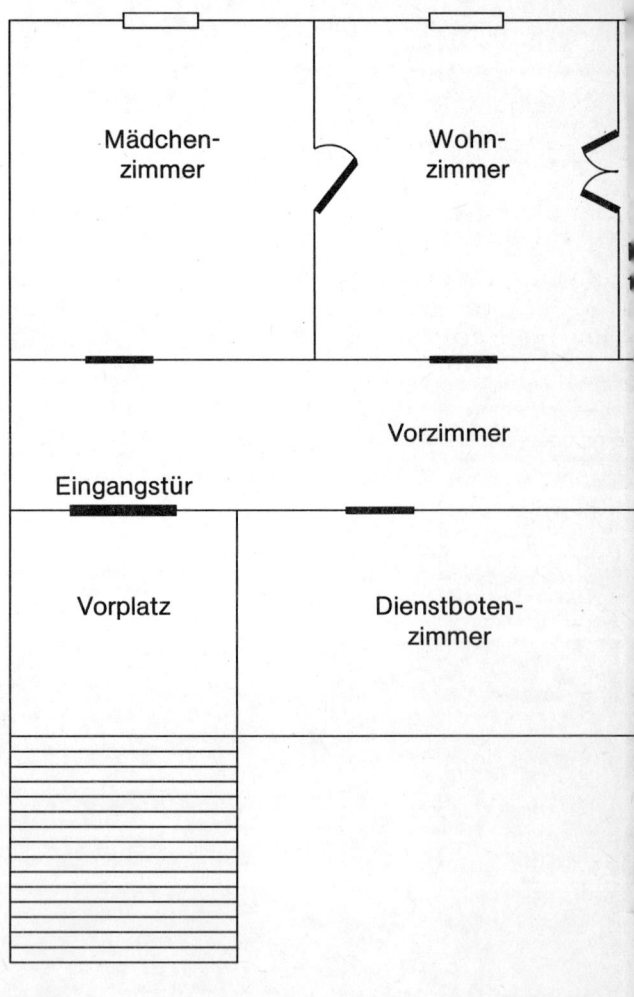

© Ernst Klett, Stuttgart 1981. Alle Rechte vorbehalten.

Exkurs (fakultativ; Einzel- oder Partnerarbeit; Klassengespräch):
Sprachlich-semantische Analyse der Erzählung „Auf der Galerie" (E 129)
Als Sprachkunstwerk, in dem fast jedes Wort einen deiktischen Sinn hat, lernen
die Schüler eine weitere Erzählung Kafkas kennen. Ihre Behandlung bietet zugleich eine methodische Schulung für den vorliegenden Text. Ohne daß eine voll-
ständige Interpretation angestrebt wird, sollten doch folgende Punkte besonders
beachtet werden:
– Syntax und Wortwahl
– die Charakteristik der Personen
– der Gebrauch der Zeiten und Adjektive
– die verschiedenen Wirklichkeitsebenen
Im Fall der Übernahme des Exkurses sollten für diese Sequenz zwei Stunden angesetzt werden.

Die bildliche Darstellung dient nicht nur der Veranschaulichung, sie kann auch
später bei der Besprechung der biographischen Zusammenhänge (Lage von
Kafkas Zimmer u. a.) wieder hervorgeholt werden (Hefteintrag). Bei Zeitknappheit
wird die Fertigung der Zeichnung als weitere Hausaufgabe gestellt und zu Beginn
der nächsten Stunde auf ihre Korrektheit geprüft.

folgenden Leitpunkten:

Materialien und Medien: F. Kafka, „Die Verwandlung"; „Auf der Galerie"; Grundriß

Phase 1: Inhaltliche Analyse des ersten Teils der Erzählung (E56–70) nach thematischen Schwerpunkten	Gruppenarbeit (arbeitsteilig) Leitfragen: Gruppe 1: Skizzieren Sie die Reaktionen Gregors auf die veränderten Realitätsverhältnisse! Gruppe 2: Beschreiben Sie im Detail das Verhalten der einzelnen Familienmitglieder an diesem Morgen! Gruppe 3: Charakterisieren Sie Gregors Verhältnis zu seinem Beruf und zu seinen Vorgesetzten!
Phase 2: Sammeln der Ergebnisse	Klassengespräch

Dieser Vergleich sollte um der Abgrenzung willen schon am Anfang vorgenommen werden. Denn es sind hier nicht Gemeinsamkeiten festzustellen, sondern völlig unterschiedliche Strukturelemente zu kontrastieren.
Kontrastobjekte sind z. B.
- die Geschichte von der Verwandlung der Gefährten des Odysseus in Schweine durch Kirke
- entsprechende Volksmärchen („Der Froschkönig", „Brüderchen und Schwesterchen", „Schneeweißchen und Rosenrot" u. a.)

Hinweisen läßt sich hier z. B. auf
- die Unterschiede zwischen Volksgut und Literatur
- die Gattungsgesetze des Märchens (Sieg des Guten)
- das Fehlen einer ursächlichen Kraft (Kirke, böser Zauberer usw.) bei Kafka
- den Bezug der „Verwandlung" zu den verschiedenen Auslegungsformen (vgl. Stundenblatt Nr. 8 A–C)

Schwerpunkte (zu Kafka)/zugleich Tafelanschrieb:

1. Wesensidentität zwischen Gregor und dem Käfer
2. Außerhalb Gregors bleibt die empirische Realität gewahrt
3. Fehlen einer positiven transzendenten Macht
4. Keine Erlösung

---

en) unter folgenden Leitgedanken:

Materialien und Medien: F. Kafka, „Die Verwandlung"; W. Rothe, „Kafka in der Kun

Phase 1: Spontane Verbalisierung der aus der Textlektüre gewonnenen Eindrücke (Brainstorming)	Unsystematisches, schnell aufeinanderfolgendes <u>Aufrufen</u> einzelner Schüler zum Zweck der nicht vorbereiteten Meinungsäußerung
Phase 2: Annäherung an den Erzählgegenstand/Formen der künstlerischen Realisierung Projektion szenischer Illustrationen/ Vergleich	<u>Plenum/Klassengespräch</u> <u>Leitfrage:</u> Welche Darstellung steht der Problematik der Erzählung am nächsten?
Phase 3: Kafkas Ablehnung einer Abbildung der Käfergestalt	<u>Lehrervortrag</u>

Hausaufgabe:
Lektüre der „Verwandlung"
Referat-Vergabe: Kafkas Leben

Tafelan_

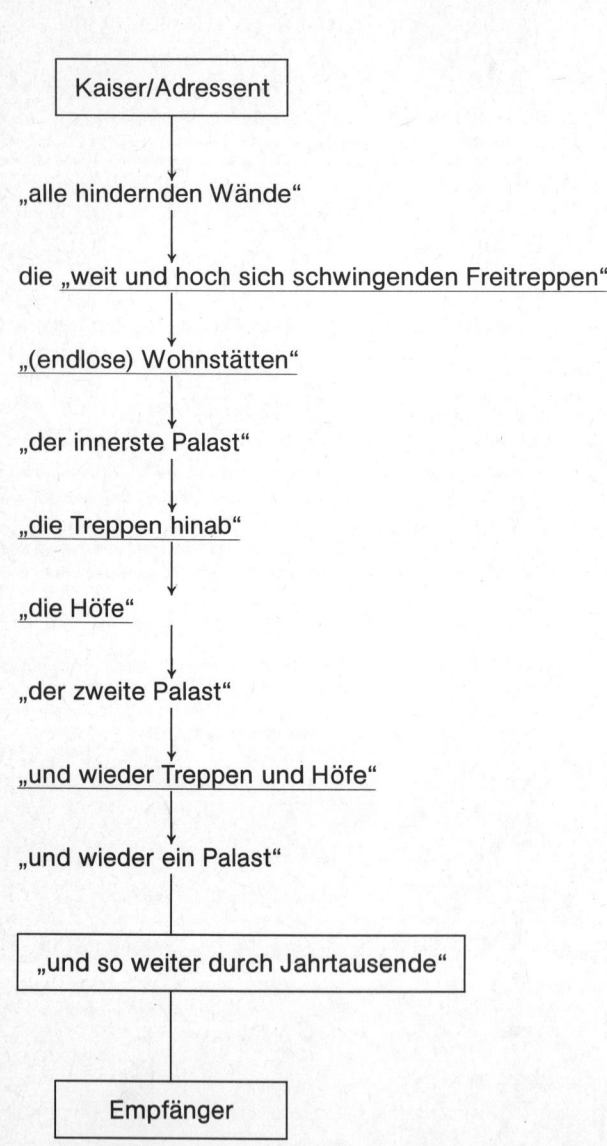

Kaiser/Adressent

↓

„alle hindernden Wände"

↓

die „weit und hoch sich schwingenden Freitreppen"

↓

„(endlose) Wohnstätten"

↓

„der innerste Palast"

↓

„die Treppen hinab"

↓

„die Höfe"

↓

„der zweite Palast"

↓

„und wieder Treppen und Höfe"

↓

„und wieder ein Palast"

↓

„und so weiter durch Jahrtausende"

↓

Empfänger

Folgende Arbeitsschritte sollten verwirklicht werden:

1. Alle hierarchisch zu verstehenden Textformulierungen werden als Tafelanschrieb festgehalten (Spalte 1 u. 2).
2. Die Motivparallelen zwischen Bildern und Texten werden benannt.
3. Bildmotive, die bestimmten Textpassagen vergleichbar sind, werden besonders hervorgehoben (die „gegenläufige Richtung" beider Erzählungen muß optisch exakt wiederkehren, infolgedessen beginnt der Lehrer bei der zweiten Spalte mit dem Tafelanschrieb von unten).
4. Die Unsicherheit einer allgemeinverbindlichen Deutung wird visuell durch Fragezeichen markiert (übriger Teil des Tafelanschriebs).

Die erneute optische Vergegenwärtigung soll nicht nur die „Dichter-Umwelt-Information" verstärken, die beiden Aufnahmen (a.a.O., S. 115, 116) veranschaulichen vielmehr in seltener Klarheit die wesentlichen Ideen beider Texte.

Der Lehrer ermöglicht die Imagination des Türhüters durch eine Beschreibung der Portiers, die früher vor den Prager Adelspalästen standen.
(J. Urzidil: „Da geht Kafka", S. 18)

Die Schüler lesen die drei Texte (insgesamt nur 33 Zeilen) in direkter Folge und erkennen die Verbindung vom noch real Vorstellbaren mit dem Irreal-Grotesken. Die Texte sind von daher (im imaginativen wie im hermeneutischen Sinn) eine gute Vorbereitung auf „Die Verwandlung".

Der Lehrer sollte folgende Schwerpunkte setzen:
- Herausarbeiten der Motivverwandtschaft aller Texte: des – für Kafka charakteristischen – Vorstellungskomplexes „Weg"/„Reise"/„Ziel"
- Klärung der Sequenz „Orientierungslosigkeit" (E 358)
  „Kommunikationsparadoxie" (E 321)
  „tragische Angstpsychose (E 320)
- Feststellung des „Versagens" der Obrigkeit (E 358) und der Auswegslosigkeit der Existenz (E 320)

Die hier gewonnenen Ergebnisse profilieren die Perspektive für die zuerst besprochenen Erzählungen, sie sind darüber hinaus gültig für den bevorstehenden Hauptarbeitsteil.

Materialien und Medien: F. Kafka, „Eine kaiserliche Botschaft"; „Vor dem Gesetz"; ,
(z. B. Urzidil/Jaenicke: „Prag – Glanz und Mystik einer Stad

Phase 1: Einstieg und Motivation: Vorführen ausgewählter Ansichten von Prager Gebäuden Beschreibung der Bilder und Versuch einer „metaphysischen" Deutung	Plenum Bildprojektion Klassengespräch (fragend-entwickelnd)
Phase 2: Textlektüre: „Eine kaiserliche Botschaft" (E 138 f.) „Vor dem Gesetz" (E 131 f.)	Einzelarbeit

Phase 3:
Analyse der Texte nach Gehalt und
Gestalt
 	
Herstellung eines Bezuges zu den
Ergebnissen der Bilddeutungen
	Gruppenarbeit (arbeitsgleich)
	
	Leitfragen für alle Gruppen:
	1. Welche Motivbezüge lassen sich
	   zwischen Bildern und Texten her-
	   stellen?
	2. Welche Mittel der Darstellung sind
	   besonders auffällig?
	3. Wodurch entsteht der Eindruck des
	   Angstvollen und Aussichtslosen?